安徽财经大学服务安徽经济社会发展系列研究报告

安徽财政发展研究报告 2022

罗鸣令　张维刚◎著

安徽师范大学出版社
ANHUI NORMAL UNIVERSITY PRESS
·芜湖·

图书在版编目(CIP)数据

安徽财政发展研究报告 . 2022 / 罗鸣令，张维刚著 . —芜湖：安徽师范大学出版社，2022.9

（安徽财经大学服务安徽经济社会发展系列研究报告）

ISBN 978-7-5676-5864-6

Ⅰ. ①安… Ⅱ. ①罗… ②张… Ⅲ. ①地方财政 - 研究报告 - 安徽 - 2022 Ⅳ. ①F812.754

中国版本图书馆CIP数据核字(2022)第176876号

安徽财政发展研究报告 2022 罗鸣令 张维刚◇著

责任编辑：胡志立 责任校对：童 睿

装帧设计：张 玲 姚 远 责任印制：桑国磊

出版发行：安徽师范大学出版社

芜湖市北京东路1号安徽师范大学赭山校区 邮政编码：241000

网 址：http://www.ahnupress.com

发 行 部：0553-3883578 5910327 5910310（传真）

印 刷：江苏凤凰数码印务有限公司

版 次：2022年9月第1版

印 次：2022年9月第1次印刷

规 格：700 mm × 1 000 mm 1/16

印 张：12.25

字 数：185千字

书 号：ISBN 978-7-5676-5864-6

定 价：45.00元

总 序

安徽财经大学历来重视科研和社会服务工作,始终坚持立足安徽做学问、服务安徽出成果,特别重视立足地方和行业需求构建多层次智库平台。安徽经济社会发展研究院是安徽财经大学设立的研究安徽经济社会发展的专门研究机构,拥有安徽省人文社科重点研究基地、省级协同创新中心、安徽省教育厅智库和安徽省重点智库四个省级科研平台。以上平台通过优化资源配置、聚合科研力量,鼓励和引导教师围绕安徽省委、省政府的重大发展战略选题,深入研究安徽经济社会发展中的重点、热点和难点问题,着力破解制约安徽地方经济社会发展的重大理论和现实问题,为建设特色鲜明的地方高水平财经大学提供了有益的智力支持,取得了较为丰硕的成果。

安徽财经大学每年出版的服务安徽经济社会发展系列研究报告是由安徽经济社会发展研究院组织相关学院的专、兼职研究人员编写。我校2006年公开出版服务安徽经济社会发展的首部研究报告——《安徽省经济发展研究报告2006》,2007年《安徽省县域经济竞争力评价报告》出版发布，2010年《安徽省贸易发展研究报告》出版发布，这形成了我校服务安徽经济社会发展的三大品牌报告。2022年，安徽财经大学出版系列研究报告七部，包括：《安徽贸易发展研究报告2022》《安徽城市发展研究报告2022》《安徽劳动就业与社会保障发展研究报告2022》《安徽投资发展研究报告2022》《安徽县域经济竞争力报告2022》《安徽财政发展研究报告2022》《安徽经济发展研究报告2022》。

安徽财经大学服务安徽经济社会发展系列研究报告坚持稳定数量、提升质量的指导思想，通过进入退出机制、激励机制、分级分类机制、合作机制、运行机制、评价机制和发布机制的改革创新，政策影响力和媒体影响力日益提升。多部报告形成的咨政报告获省部级领导批示并被智库类杂志刊用发表，安徽经济社会发展研究院成功入围中国智库索引首批来源智库，并获大学智库指数排名中的普通高校第一名。根据《CTTI智库报告（2018）》，2018年安徽经济社会发展研究院入选CTTI高校智库百强榜。

纵观这七部研究报告可以看出，报告的组织者与撰写者都付出了辛勤的劳动和不懈的努力。当然，我们也清醒地认识到，系列研究报告还存在这样或那样的缺点，与政府部门领导和社会各界对我们的期望还有较大的差距，我校应当在智库建设方面做得更多、更好。我们坚信，只要坚持走下去，只要继续得到社会各界的关心和帮助，系列研究报告一定会越做越好！学校的智库建设也将结出更多的硕果！

丁忠明

2022年4月

前 言

《安徽财政发展研究报告2022》是安徽财经大学服务地方经济社会发展的系列研究报告之一。本报告根据安徽省财税部门、宏观经济管理部门和统计机构发布的经济社会运行数据和工作情况介绍等相关资料撰写，力图对安徽财政收入、财政支出以及其他财税热点进行宏观考察和分析，全方位揭示安徽财政收支规模状况、结构特点，选取安徽地方政府PPP项目发展情况、减税降费政策实施、财政可持续发展、税收收入质量报告等若干重大问题，进行专题性研究和探讨，为促进安徽财政的进一步发展完善提供政策参考和咨政建议。

2021年，面对复杂严峻的疫情防控形势，以及诸多改革发展稳定任务，安徽省始终坚持以习近平新时代中国特色社会主义思想为指导，全面落实习近平总书记重要指示批示精神以及党中央、国务院、省委省政府决策部署，坚持稳中求进工作总基调，有力落实积极的财政政策，推动经济持续向好，实现"十四五"发展的良好开局。受新冠肺炎疫情的影响，2021年安徽省一般公共预算财政收入3498.2亿元，同比增长8.8%。整体来看，

2021年财政收入相较于2020年有所增长，各月增长趋势差别显著，最高同比增长34.20%，最低同比增长2.90%。

2021年，全省一般公共预算支出7592.14亿元，比上年增加121.18亿元，增长1.62%。从支出科目上来看，教育支出1316.43亿元，为预算的113.5%。科学技术支出415.45亿元，为预算的108.3%。文化体育与传媒支出86.18亿元，为预算的94.2%。社会保障和就业支出1230.09亿元，为预算的107.3%。卫生健康支出727.41亿元，为预算的105.2%。节能环保支出199.10亿元，为预算的111.8%。城乡社区支出859.93亿元，为预算的135.0%。农林水支出943.11亿元，为预算的109.2%。交通运输支出304.10亿元，为预算的96.6%。

2021年，安徽省政府和社会资本合作(PPP)项目规范安全高效发展取得新进展，进一步发挥稳增长、惠民生、补短板作用，助力科技创新、乡村振兴、绿色发展、“两新一重”、民生服务等重点领域发展。截至2021年12月末，安徽省纳入管理库项目共计488个，居全国第八，管理库项目投资额5658亿元，居全国第十三；累计签约落地项目数437个，居全国第六，累计签约落地项目投资额4932亿元，居全国第十二；签约落地率87.2%，高于全国平均签约落地率8.4%，居全国第九；累计开工建设项目数359个，居全国第三，建设开工率70.7%，高于全国平均建设开工率23.5%，仅次于四川省居全国第二，PPP项目签约落地数以及建设开工数在全国均名列前茅。安徽省PPP投资已然成为安徽省供给侧结构性改革的重要抓手，也是激发各类市场主体活力的重要方式。

在国内经济下行压力、全球疫情蔓延以及外部局势复杂多变背景下，减税降费政策不仅是我国宏观经济调控的重要抓手，也是逆周期调节的关键举措。在我国经济结构转型的重要阶段，减税降费政策作为积极财政政策的有力工具，有利于减轻企业负担、激发市场主体活力，在“六稳”“六保”中发挥重要作用，有效完成降成本、稳经济的重要任务，为中国经济发展增添不少活力。2021年，全省税务部门持续完善税费优惠政策直达快享机制，全力确保各项惠企利民的政策不折不扣落实到位。全年新增减税降费334.3

亿元,中小微企业缓缴税费73.8亿元,煤电供热企业减退、缓缴税费7.7亿元。

在大规模的减税降费影响下,地方政府财政可持续性可能面临着风险与挑战,通过财政可持续性实证检验发现,当前安徽省财政风险总体可控,虽然地市政府采取的财政行为是不可持续的,且已处于"财政疲劳"阶段,但尚有充足的"有效财政空间"进行财政行为的调整。实施大规模减税降费政策的经济效应开始凸显,总体上来看,减税降费对地方政府财政可持续性的综合影响是促进的。与直觉观念相反,转移支付在实质上反而抑制了地方政府的财政可持续性。因此,需要进一步深化财税体制改革,建立多元化考评体系;精准深化减税降费,巩固减税降费成果;完善转移支付制度,优化转移支付结构。

在新冠疫情及减税降费的影响下,2020年税收收入在统计期内总量首次下降,相较于2019年减少了10.21亿元;从增长幅度来看,从2011年的27.9%下降到2016年的3.2%,2018年上升到10.66%,2020年又下降到-0.46%。其中,增值税累计完成943.21亿元,比2019年增收0.86亿元;直接税累计完成439.25亿元,同比增收3.24亿元,增长幅度为0.74%;与土地、房产相关税种的税收收入为571.52亿元,较上年减少25.74亿元,降幅为-4.31%,连续两年出现负增长,但绝对量依然仅次于增值税,远高于直接税税收收入。可见,税收总量的下降主要受到与土地、房产相关的税收收入下降影响,这体现了中央"房住不炒"精神,促使地方经济持续健康发展。

《安徽财政发展研究报告2022》框架设计和撰写由罗鸣令、张维刚担任主编。参与编写的人员有:余红艳、储德银(第一章),李冬梅(第二章),杨彤(第三章),杨晓姝(第四章),常晓素(第五章),罗鸣令、张维刚(第六章)。全书由罗鸣令、张维刚进行修改统稿。在本书写作过程中,安徽财经大学分管领导和学校科研处领导给予了大力的支持,校内专家和财政部门专家为书稿的完善提出了宝贵的意见和建议,本书还得到了安徽省财政、税务系统有关领导的关注和支持,安徽师范大学出版社为本书出版做了大量的工作,特别是编辑胡志立老师为本书出版付出了大量心血,在本书出版之际,谨此一并致谢!

目　录

第一章　安徽省财政收入分析

2020—2021年，面对复杂严峻的疫情防控形势，以及诸多改革发展稳定任务，安徽省始终坚持以习近平新时代中国特色社会主义思想为指导，全面落实习近平总书记重要指示批示精神以及党中央、国务院、省委省政府决策部署，坚持稳中求进工作总基调，有力落实积极的财政政策，继续执行制度性减税政策和落实结构性减税举措，积极发挥财政职能。安徽省认真落实“积极的财政政策要提质增效、更可持续”的要求，为经济发展提供有力的财政保障，推动经济持续恢复向好，并向高质量发展迈出新步伐，推动实现了“十四五”良好开局。

第一节　财政收入完成回顾

自2020年以来，安徽省财税工作紧紧围绕持续激发市场主体活力的总要求，财政资源配置、政策供给向构建新发展格局聚焦用力，积极调整结构，提升经济质量，促进经济循环。在中央财税改革与战略安排下，财政制度预期良好，全省整体经济发展指标与财税指标逐步回到正常轨迹。

一、财政收入概况

自2011年以来，安徽省主动适应经济发展新常态，加快调结构、转方式、促升级，总体经济运行平稳，稳中有进，稳中趋好，财政收入总量持续增长（图1-1）。受新冠肺炎疫情影响，2020年，安徽省财政收入[①]为3216.0亿元，同比增长1.0%；2021年，全国疫情防控态势较好，安徽省财政收入增加到3498.2亿元，同比增长率上升到8.8%，增长率轨迹逐步进入新常态，如图1-2所示。

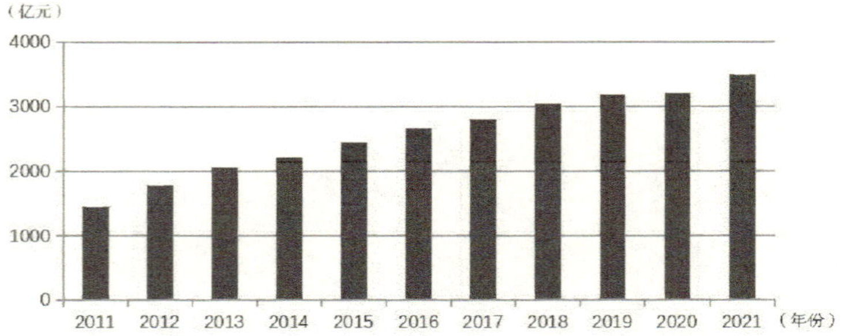

图1-1　2011—2021年安徽省财政收入

资料来源：根据安徽省统计局网站的相关资料汇总计算整理。

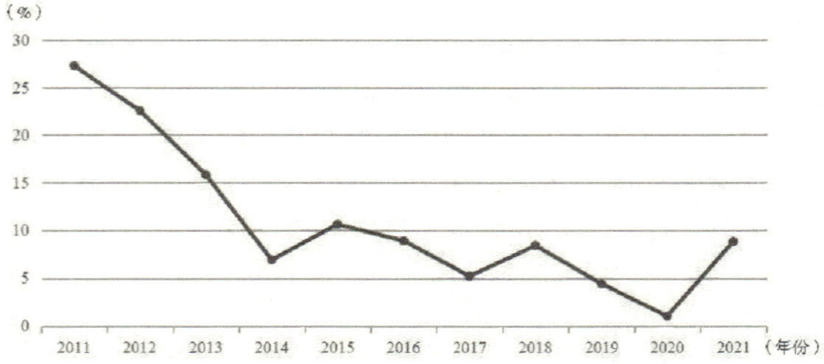

图1-2　2011—2021年安徽省财政收入增长率

资料来源：根据安徽省统计局网站的相关资料汇总计算整理。

① 由于安徽省统计数据中不再公布财政总收入数据，本章中所有的财政收入均为一般公共预算收入。

从财政收入总量来看，2011年后，为配合宏观政策的调整，安徽省积极落实“保增长”各项措施，总体经济实现了平稳过渡。2013年安徽省财政收入首次突破2000亿元，同比增长率达到15.8%；2014—2017年，安徽省财政收入由2218.4亿元增长到2812.4亿元；2018年安徽省财政收入再上新台阶，突破3000亿元；2019—2021年，安徽省财政收入呈稳定增长趋势，由3182.7亿元增长到3498.2亿元。

从财政收入增长率来看，2011年以来，安徽省财政收入增长率始终为正，呈波动下降趋势。其中，2011年和2012年财政收入增长最快，增长率分别为27.3%和22.5%；2011—2013年，财政收入增长率下滑最快，由27.3%下降到15.8%，下降了11.5个百分点；2013—2021年，财政收入增长率在9.0%上下波动。值得关注的是，受疫情影响，2020年安徽省财政收入增长率为近十年最低，下降到1.0%。

二、财政收入及增长情况

随着经济改革的不断推进，安徽省在全面转型、加快推进经济发展方式转变等方面取得了很大的进步。安徽省财政收入绝对量呈连年增长态势，财政收入占财政支出的比重趋于稳定，在45%上下波动，见表1-1。

表1-1　2011—2021年安徽省财政收入情况

年份	财政收入/亿元	增长率/%	财政收入占财政支出的比重/%
2011	1463.6	27.3	44.3
2012	1792.7	22.5	45.3
2013	2075.1	15.8	47.7
2014	2218.4	6.9	47.6
2015	2454.3	10.6	46.8
2016	2672.8	8.9	48.4
2017	2812.4	5.2	45.3
2018	3048.7	8.4	46.4

续　表

年份	财政收入/亿元	增长率/%	财政收入占财政支出的比重/%
2019	3182.7	4.4	43.1
2020	3216.0	1.0	43.0
2021	3498.2	8.8	46.1

资料来源:根据安徽省统计局网站的相关资料汇总计算整理。

结合安徽省财政收入与经济增长的变化趋势来看,四大基本指标从总体上对安徽省财政收入规模态势给出一定判定:第一,安徽省财政收入增长率与全国财政收入增长率的比较分析,直观反映出安徽省财政收入增长变化与全国水平的差距,如图1-3所示。第二,财政收入增长率与GDP(国内生产总值)增长率的比较分析,准确地反映出安徽省多年来财政收入的增长变化情况。第三,财政收入占GDP的比重,即财政的集中度,主要用以反映GDP初次分配中财政集中度,政府、企业和居民之间的国民收入分配格局,财政汲取能力和政府与市场的关联度。理论上,随着经济发展水平的不断提高与市场经济改革的持续深入,财政收入占GDP的比重将逐步提高,并当政府职能趋于完善后,逐步趋于相对稳定,见图1-4。第四,财政收入对GDP的弹性指标体现财政收入与GDP的同步性与协调度。

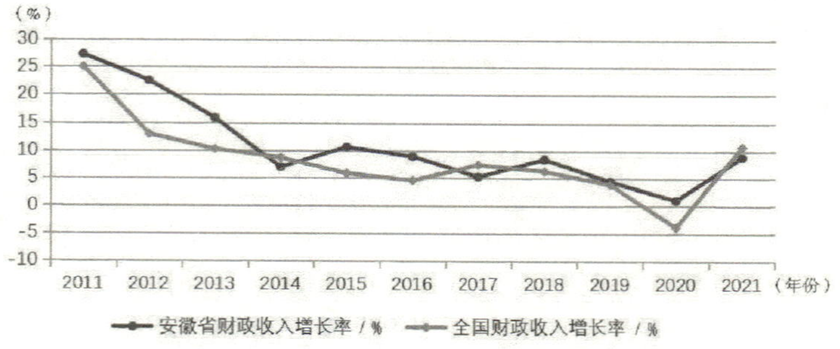

图1-3　2011—2021年安徽省财政收入增长率及全国财政收入增长率

资料来源:根据国家统计局以及安徽省统计局发布的相关资料汇总计算整理。

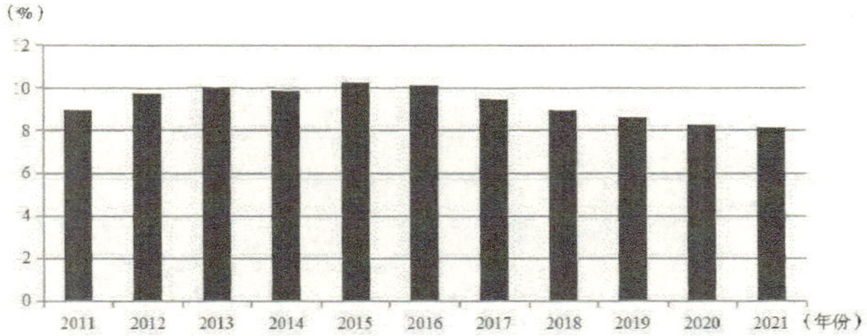

图 1-4　2011—2021 年安徽省财政收入占 GDP 比重

资料来源:根据安徽省统计局网站有关数据整理。

由图 1-4 分析表明:2011—2021 年安徽省财政收入占 GDP 的比重整体来看,呈先上升后下降趋势,在 9.00% 上下波动。2011—2013 年,安徽省财政收入占 GDP 的比重持续上升,在 2013 年达到了 10.08%;2014 年略有下降,下降至 9.85%;2014—2016 年,有所回升,2016—2021 年持续下降。总体而言,在过去 10 年里,财政收入占 GDP 的比重由 2011 年的 8.99% 上升到 2015 年的 10.30%,继而逐步下降到 2021 年的 8.14%,反映出了政府与市场关系及收入分配格局的重大变化。由此可见,减税降费成效显著。

安徽省财政收入增长率与全国财政收入增长率增长趋势基本一致,整体来看,安徽省财政收入增长率快于全国财政收入增长率。

如图 1-5 所示,2011—2013 年,安徽省财政收入增长速度高于 GDP 增长速度,落差相对突出。2014 年,尽管 GDP 增长出现短期加快现象,但 2015 年财政收入增长率仍高于 GDP 增长率。2016—2020 年,安徽省经济下行压力突出,尤其在 2018 年后,由于继续实施大规模减税降费政策,财政收入增速明显回落,2019 年财政收入增速持续走低,财政收入增长率由 4.4% 下降到 1.0%。2020 年,大规模减税降费政策与疫情因素叠加,安徽省财政收入增长率低于同期 GDP 增长率 2.9%。2021 年,安徽省财政收入增速略超 GDP 增速。总体上,安徽省财政收入增速与 GDP 增速轨迹逐渐拟合。

图 1-5　2011—2021 年安徽省财政收入增长率及 GDP 增长率

资料来源:根据安徽省统计局发布的相关资料汇总计算整理。

[注:这里的 GDP 增长率=GDP 指数(上年=100)-1。其中,2021 年数据来源于《安徽省 2021 年国民经济和社会发展统计公报》]

从弹性指标变化来看(图 1-6),总体上安徽省财政收入对 GDP 的弹性波动比较大,呈整体逐步下降趋势。2011—2014 年,财政收入对 GDP 的弹性系数从 2.02 下降到 0.75;2015—2017 年,财政收入对 GDP 的弹性系数从 1.21 下降到 0.61;2018—2020 年,财政收入对 GDP 的弹性系数从 1.05 下降到 0.26;2011—2020 年,共下降 1.76。

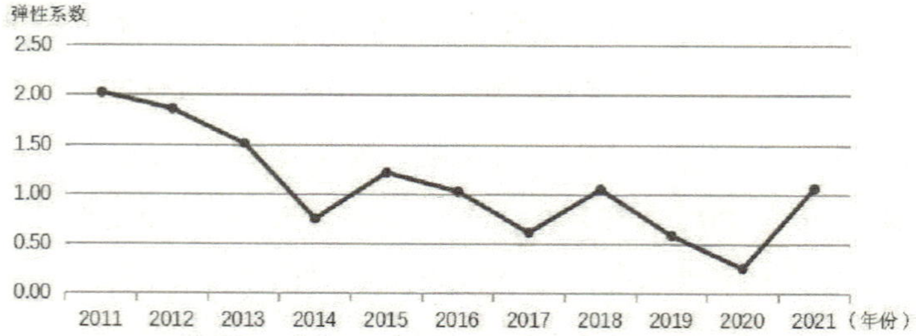

图 1-6　2011—2021 年安徽省财政收入对 GDP 的弹性系数

资料来源:根据安徽省统计局网站有关数据整理。

第二节　2020—2021 年财政收入规模分析

2020—2021 年,安徽省积极落实财税政策,贯彻稳字当头、稳中求进的工作总基调，持续深化财税制度改革，细化完善财税政策举措，政策发力适当，财政运行持续稳定，呈现出较强韧性和旺盛活力，但地区差异仍较为显著，区域经济和财政协调任务仍需努力。

一、2020年财政收入规模

2020年，安徽省财政收入为3216.0亿元，比上年增长1.0%，其中税收收入2199.5亿元，比上年增长-0.5%，非税收入1016.5亿元，比上年增长4.5%。

表1-2中的数据显示了2019—2020年安徽省各月的财政收入及其增长情况。2020年，仅有10、11和12月的同期增长率高于10%，其他月的同期增长率均低于10%，且2、3、4、5月出现了负增长，这主要是受新冠肺炎疫情、政策以及经济运行状况共同影响的结果。

表1-2　2019—2020年安徽省财政收入及其增长情况

单位：亿元

月份	2020年财政收入	2019年财政收入	同期增长额	同期增长率/%
1	375.3	368.2	7.1	1.9
2	189.4	233.9	-44.5	-19.0
3	223.8	282.0	-58.2	-20.6
4	289.0	302.8	-13.8	-4.6
5	267.3	286.5	-19.2	-6.7
6	313.3	309.1	4.2	1.4
7	316.7	293.4	23.3	7.9
8	225.1	211.6	13.5	6.4
9	256.4	248.0	8.4	3.4
10	258.8	232.4	26.4	11.4
11	198.7	172.6	26.1	15.1
12	302.2	242.2	60.0	24.8

资料来源：根据安徽省统计局网站有关数据整理。

图1-7反映的是2020年安徽省各月财政收入的同期增长率，总体上看，前三个季度增长形势缓慢，第四季度稳定正增长趋势。

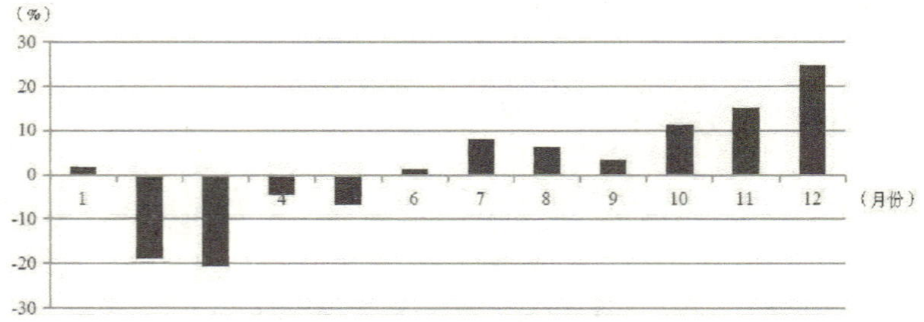

图1-7　2020年1—12月安徽省财政收入同期增长率

资料来源：根据安徽省财政厅和安徽省统计局网站有关数据整理。

表1-3反映的是2020年安徽省和各市财政收入及其同期增长情况。总体来看，各市财政收入总量增长缓慢，增长速率受疫情影响均有所下滑，其中蚌埠市、阜阳市、淮南市出现负增长。同期增长率中，马鞍山市增长率为7.1%，增长最快。

表1-3　2020年安徽省和各市财政收入及其同期增长情况

地区	财政收入/亿元	增长率/%	上年同期增长率/%	增长率增加值/%
全省	3216.0	1.0	4.4	−3.4
合肥市	762.9	2.3	4.7	−2.4
淮北市	80.1	6.1	7.3	−1.2
亳州市	126.4	0.2	12.6	−12.4
宿州市	133.2	2.3	16.7	−14.4
蚌埠市	158.5	−2.9	7.0	−9.9
阜阳市	199.3	−0.7	7.2	−7.9
淮南市	104.0	−4.9	3.8	−8.7
滁州市	226.0	5.3	7.7	−2.4
六安市	132.9	5.3	3.1	2.2
马鞍山市	169.5	7.1	4.9	2.2

续　表

地区	财政收入/亿元	增长率/%	上年同期增长率/%	增长率增加值/%
芜湖市	331.4	3.0	1.2	1.8
宣城市	168.4	2.0	7.8	-5.8
铜陵市	81.8	5.4	5.2	0.2
池州市	66.9	5.2	-1.4	6.6
安庆市	141.6	3.3	2.9	0.4
黄山市	83.9	3.5	4.4	-0.9

资料来源:根据安徽省财政厅和安徽省统计局网站有关数据整理。

二、2021年财政收入规模

2021年,安徽省财政收入完成3498.2亿元,比上年增长8.8%。表1-4中的数据显示了安徽省2021年1—12月的财政收入情况。整体来看,2021年财政收入相较于2020年的财政收入有所增长,除了8、9、11、12月外,其余月均是正增长,各月增长趋势差别显著,最高增幅达到34.20%。

表1-4　2021年安徽省财政收入及其增长情况

单位:亿元

月份	2021年财政收入	2020年财政收入	同期增长额	同期增长率/%
1	428.6	375.3	53.3	14.20
2	243.7	189.4	54.3	28.70
3	272.8	223.8	49	21.90
4	387.9	289	98.9	34.20
5	301	267.3	33.7	12.60
6	322.4	313.3	9.1	2.90
7	376.5	316.7	59.8	18.90
8	221.3	225.1	-3.8	-1.70
9	255.2	256.4	-1.2	-0.50

续 表

月份	2021年财政收入	2020年财政收入	同期增长额	同期增长率/%
10	313.8	258.8	55	21.30
11	154.8	198.7	–43.9	–22.10
12	220.2	302.2	–82	–27.10

资料来源：根据安徽省统计局网站有关数据整理。

图1–8反映的是2021年1—12月安徽省财政收入的同期增长情况。随着新冠肺炎疫情控制得当，经济整体蓬勃发展，2021年各月同期增长率相较于2020年的同期增长率有所回升，除8、9、11、12月出现了负增长外，其他各月均是正增长，且4月增长幅度最大，达到34.20%。

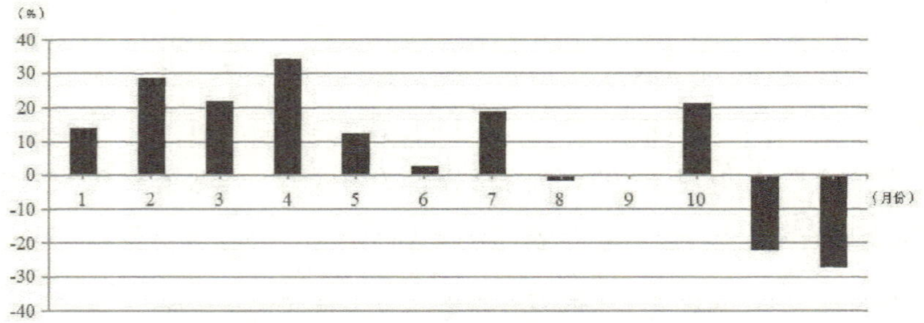

图1–8　2021年1—12月安徽省财政收入同期增长情况

资料来源：根据安徽省财政厅和安徽省统计局网站有关数据整理。

表1–5反映的是2021年1—12月全省和各市财政收入及其同期增长情况。整体来看，除阜阳市外，其余地市的财政收入均呈现正增长态势，且相比于上年同期增长率来看，均有所提升。同期增长率在15%以上的仅有马鞍山市，大部分地市同期增长率在10%～12%区间内波动。2021年1—12月不同地市的财政收入增长状况普遍出现上升趋势，有些地市增速甚至大于10%，主要原因在于2021年各市积极贯彻落实党中央和省委部署的不同经济政策，疫情防控有效，经济发展迅速。

表1-5　2021年安徽省和各市财政收入及其增长情况

地区	财政收入/亿元	增长率/%	上年同期增长率/%	增长率增加值/%
全省	3498.2	8.8	1.0	7.8
合肥市	844.2	10.7	2.3	8.4
淮北市	88.8	10.8	6.1	4.7
亳州市	140.3	11.0	0.2	10.8
宿州市	147.9	11.0	2.3	8.7
蚌埠市	167.3	5.6	-2.9	8.5
阜阳市	189.6	-4.9	-0.7	-4.2
淮南市	109.6	5.4	-4.9	10.3
滁州市	250.9	11.0	5.3	5.7
六安市	147.5	11.0	5.3	5.7
马鞍山市	196.5	15.9	7.1	8.8
芜湖市	361.2	9.0	3.0	6.0
宣城市	182.8	8.5	2.0	6.5
铜陵市	0.0	14.4	5.4	9.0
池州市	74.3	11.0	5.2	5.8
安庆市	156.1	10.2	3.3	6.9
黄山市	88.3	5.2	3.5	1.7

资料来源：根据安徽省各市统计局网站有关数据整理。

三、各市财政收入及人均财政收入

衡量并反映安徽省各地市财政收入的基本情况，除了可以选择总量指标外，也可以选择人均指标。总量指标主要体现的是各地方政府聚集财政收入的整体能力，而人均指标是在结合本地区人口状况的基础上，衡量人均公共物品供给能力的大小。相比较而言，人均指标测算更能真实准确地衡量、评价各地市财政能力水平，因此分析各地市人均财政收入以及各县人均财政收入显得尤为重要。

表1-6列出了2020年安徽省各市财政收入、人均财政收入及人均生产总值。图1-9描述的是2020年安徽省财政收入构成情况，即各市财政收入具体占比情况，其中，合肥市财政收入占比最大，达到25.7%。

表1-6 2020年安徽省各市财政收入、人均财政收入及人均生产总值

地区	财政收入/亿元	人均财政收入/元	人均生产总值/元
合肥市	762.9	8139.0	108427
淮北市	80.1	4062.4	56661
亳州市	126.4	2528.1	36156
宿州市	133.2	2500.5	38368
蚌埠市	158.5	4805.9	63209
阜阳市	199.3	2429.0	34399
淮南市	104.0	3427.6	43557
滁州市	226.0	5666.8	76087
六安市	132.9	3023.2	37899
马鞍山市	169.5	7846.5	101011
芜湖市	331.4	9089.1	102964
宣城市	168.4	6734.2	64301
铜陵市	81.8	6230.4	75748
池州市	66.9	4980.8	64843
安庆市	141.6	3398.2	58684
黄山市	83.9	6305.5	63940

资料来源：根据《2021安徽统计年鉴》数据计算整理所得。

（注：人均财政收入=财政收入/常住人口数）

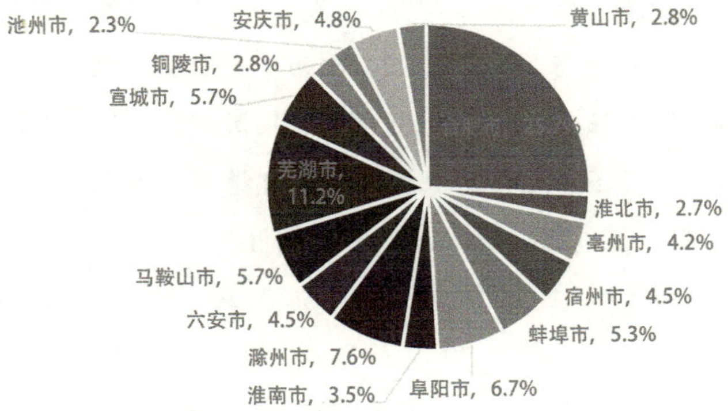

图 1-9　2020 年安徽省财政收入构成情况

资料来源：数据来自《2021 安徽统计年鉴》。

整体来看，区域财政布局情况没有太大变化。合肥市财政收入依旧位居安徽省之首，遥遥领先其他城市，芜湖市次之，滁州市第三，阜阳市、马鞍山市、宣城市紧随其后。从各市财政收入绝对量来看，只有淮北市、铜陵市、池州市、黄山市未突破百亿元，其他市财政收入都超过了百亿元，合肥市甚至已经突破七百亿元。

具体来看，滁州市与马鞍山市财政收入占比较 2019 年增加 0.2%；芜湖市、池州市、铜陵市、淮北市与六安市财政收入占比较 2019 年增加 0.1%；合肥市、宣城市、宿州市、黄山市与安庆市财政收入占比与 2019 年保持一致；蚌埠市、淮南市、阜阳市与亳州市财政收入占比与 2019 年相比则略有下降。

2020 年安徽省各市人均财政收入情况分析（图 1-10，表 1-6）：

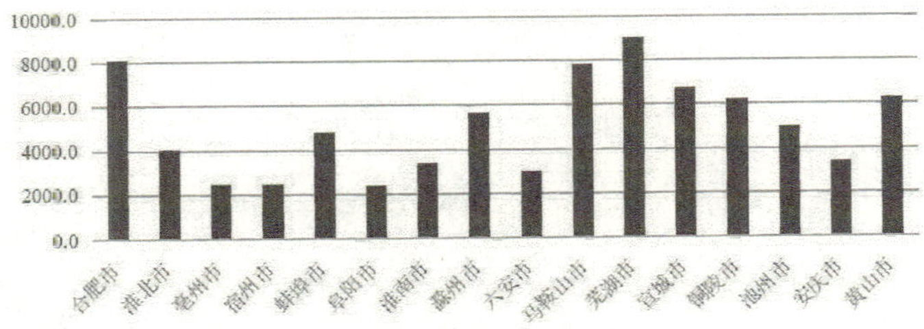

图 1-10　2020 年安徽省各市人均财政收入（单位：元）

资料来源：根据《2021 安徽统计年鉴》数据计算整理。

分区域来看，皖南地区人均财政收入一般高于皖北地区，皖南地区中黄山市、宣城市、芜湖市、池州市、马鞍山市人均财政收入达到6991.22元，皖北地区中宿州市、蚌埠市、淮北市、阜阳市、淮南市与亳州市人均财政收入为3292.25元，这在一定程度上说明了皖北地区的财政能力和经济发展相对薄弱，安徽省各市财源建设区域非均衡性特征显著。

从各市情况来看，合肥市、芜湖市的人均财政收入分列安徽省第一、第二位。从整体上看，2020年各市人均财政收入都有不同程度的提高，各市人均财政收入均大于2000元，其中芜湖市、合肥市、马鞍山市、滁州市、宣城市、铜陵市和黄山市人均财政收入超过5000元。黄山市和铜陵市的财政收入没有突破百亿元，但是人均财政收入却不低，分别是6305.5元和6230.4元。相比而言，阜阳市的财政收入虽已破百亿元，甚至接近两百亿元，但受其人口数量较多影响，人均财政收入仅为2429.0元。

表1-7反映了安徽省部分县域财政收入增长情况。2020年安徽省有12个县域财政收入增长率超过10%，2019年相较于2018年有所下降，2020年相较于2019年继续下降。2020年，各县域财政收入增长率在20%以上的仅有1个，即舒城县，高达29.8%，颍上县以16.6%位列第二。增长率在15%～20%的有6个县域，增长率在10%～15%的有5个县域。

表1-7　2020年安徽省各县财政收入增长率(>10%)及排名情况

地区	财政收入增长率/%	排名	地区	财政收入增长率/%	排名
舒城县	29.8	1	太湖县	15.1	7
颍上县	16.6	2	枞阳县	14.2	8
金寨县	16.5	3	临泉县	13.5	9
石台县	16.5	4	凤阳县	11.2	10
明光市	16.2	5	霍邱县	10.6	11
望江县	15.5	6	岳西县	10.4	12

资料来源：根据《2020安徽统计年鉴》和《2021安徽统计年鉴》整理。

[注：表中排名的前后顺序是依照财政收入增长率从高到低排列。财政收入增长率=(2020年财政收入-2019年财政收入)/2019年财政收入×100%]

由表1-8可见，2020年安徽省县域财政收入超过10亿元的有47个，反映出安徽省各县域财政收入的总体实力较强。肥西县和肥东县财政收入位居第一和第二，分别为54.5亿元和48.7亿元。财政收入在30亿～50亿元的有5个县，20亿～30亿元的有19个县，20亿元以下的县有22个。

表1-8　2020年安徽省各县财政收入（超过10亿元）及排名情况

地区	财政收入/亿元	排名	地区	财政收入/亿元	排名
肥西县	54.5	1	舒城县	20.1	25
肥东县	48.7	2	临泉县	19.5	26
长丰县	43.0	3	霍邱县	19.2	27
天长市	41.2	4	明光市	18.5	28
宁国市	31.0	5	涡阳县	18.2	29
当涂县	30.4	6	桐城市	18.2	30
广德市	28.7	7	寿县	17.4	31
颍上县	27.9	8	界首市	17.0	32
无为市	26.5	9	金寨县	16.0	33
蒙城县	24.3	10	利辛县	15.9	34
和县	24.0	11	固镇县	15.6	35
怀远县	23.4	12	泾县	15.3	36
巢湖市	23.2	13	阜南县	14.0	37
凤阳县	23.2	14	怀宁县	13.9	38
萧县	22.4	15	砀山县	13.2	39
凤台县	21.7	16	泗县	13.2	40
南陵县	21.5	17	五河县	13.1	41
太和县	21.4	18	含山县	13.1	42
定远县	21.3	19	歙县	12.9	43
全椒县	21.0	20	灵璧县	12.9	44
郎溪县	20.9	21	东至县	11.3	45
濉溪县	20.7	22	霍山县	11.0	46
来安县	20.7	23	枞阳县	10.2	47
庐江县	20.6	24			

资料来源：根据《2021安徽统计年鉴》整理。

表1-9反映了安徽省各县域人均财政收入情况。从总体上看，2020年人均财政收入较2019年有所增长，人均财政收入在2000元以上的县有47个。其中，宁国市人均财政收入位列榜首，高达7982.6元，最低的是霍邱县，其人均财政收入以2031.1元位列第47位，两者差距极为显著。在47个县域中，人均财政收入在3000元以下的有16个，3000～4000元的有14个，4000～6000元的有13个，6000元以上的有4个。

表1-9　2020年安徽省各县人均财政收入（超过2000元）及排名情况

地区	人均财政收入/元	排名	地区	人均财政收入/元	排名
宁国市	7982.6	1	凤台县	3421.6	25
天长市	6823.7	2	无为市	3240.4	26
当涂县	6794.6	3	金寨县	3228.1	27
郎溪县	6694.3	4	巢湖市	3192.9	28
绩溪县	5922.6	5	定远县	3175.3	29
和县	5831.6	6	固镇县	3117.7	30
广德市	5741.3	7	桐城市	3067.7	31
旌德县	5715.7	8	舒城县	2878.0	32
肥西县	5635.8	9	东至县	2839.1	33
泾县	5555.0	10	怀宁县	2803.6	34
肥东县	5508.3	11	石台县	2794.7	35
长丰县	5490.5	12	界首市	2613.0	36
全椒县	5303.2	13	五河县	2504.5	37
黟县	5226.5	14	怀远县	2503.4	38
南陵县	4983.6	15	颍上县	2327.9	39
来安县	4965.2	16	庐江县	2318.7	40
休宁县	4467.2	17	潜山市	2230.5	41
青阳县	3941.2	18	濉溪县	2217.9	42
含山县	3877.2	19	蒙城县	2206.1	43
霍山县	3860.6	20	枞阳县	2164.3	44
祁门县	3816.3	21	萧县	2122.3	45
明光市	3809.9	22	寿县	2071.0	46
凤阳县	3673.0	23	霍邱县	2031.1	47
歙县	3556.6	24			

资料来源：根据《2021安徽统计年鉴》整理。

第三节　2020—2021年财政收入结构分析

财政收入主要包括税收收入和非税收入。非税收入大体包括政府型基金、专项收入、行政事业性收费、罚没收入、国有资本经营收益、国有资产(资源)有偿使用收入和其他收入(捐赠等)等收入形式。关于税收收入与非税收入的结构分析主要涉及三个重要方面:一是合理配置税收收入与非税收入,税收收入是规范税种所形成的具有合理经济预期的财政收入形式,而非税收入则是受益原则导向下具有灵活性的收入形式,如何取舍取决于地方经济发展及其财政的治税理念。二是从各税种布局出发,着力探究税收收入的内部结构配置问题。三是判断非税收入的内部结构是否具有合理性。关注财政收入结构有利于整体把握各种财政收入来源之间的有机联系,从而优化财政收入结构,加强财政收入的宏观调节。受益于各项重大改革的深化,相关税种的优化完善带来财政收入的变化,"营改增"后,增值税作为共享税的主要税种作用再度加强。2019—2021年大规模的减税降费政策力度增强,安徽省财政收入结构也相应变化。

一、2020年财政收入结构

自2011年以来,安徽省税收收入和非税收入总量逐年递增,总体上看,税收收入比重和非税收入比重相对稳定,税收收入比重在72%左右浮动,非税收入比重在28%左右浮动,如图1-11。

2020年安徽省财政收入3216.0亿元,比上年增长1%。其中,税收收入2199.5亿元,比上年同期减少0.5%,占财政收入比重为68.40%;非税收入1016.5亿元,比上年同期增长4.5%,占财政收入比重为31.60%,如图1-12。

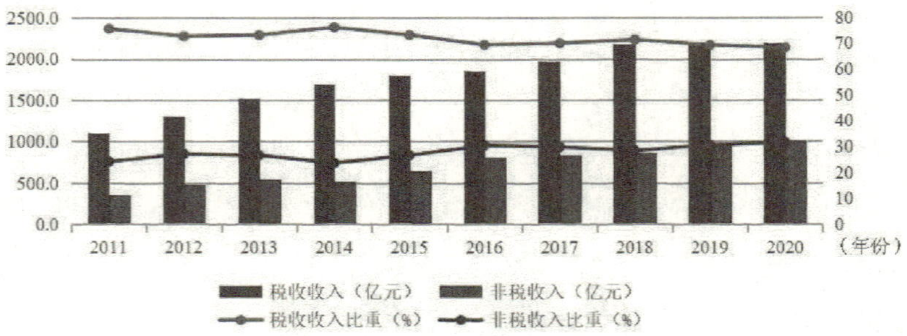

图 1-11　2011—2020 年安徽省财政收入中税收和非税收入情况

资料来源：数据来自安徽省统计局网站。

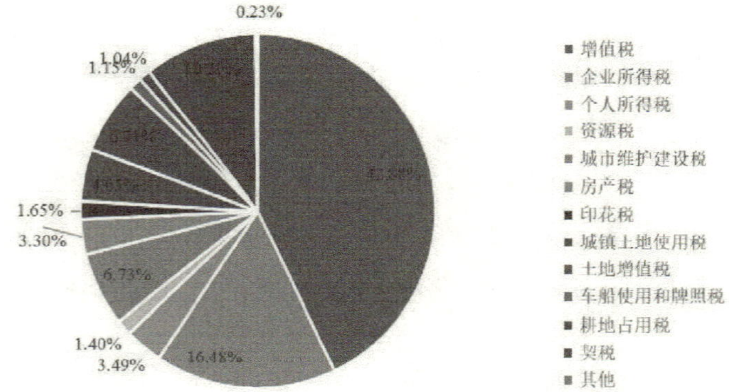

图 1-12　2020 年安徽省税收收入结构

（一）税收收入

随着减税降费政策的持续施行，安徽省税收收入内部结构发生了一定的变化。安徽省 2020 年税收收入和各税种的收入完成情况，见表 1-10。

表1-10　2020年安徽省税收收入和各税种收入

类别	收入/亿元	比上年增长/亿元	增长率/%	占税收的比重/%
税收总额	2199.5	-10.2	-0.5	100.0
增值税	943.2	0.9	0.1	42.9
企业所得税	362.5	-8.4	-2.3	16.5
个人所得税	76.7	11.6	17.9	3.5
资源税	30.7	2.5	8.9	1.4
城市维护建设税	148.1	4.9	3.5	6.7
房产税	72.6	3.6	5.2	3.3
印花税	36.3	2.3	6.8	1.7
城镇土地使用税	102.3	-0.4	-0.4	4.7
土地增值税	147.6	0.8	0.5	6.7
车船使用和牌照税	25.2	2.7	11.9	1.1
耕地占用税	22.8	-24.0	-51.4	1.0
契税	226.2	-5.7	-2.4	10.3
其他	5.2	-1.0	-16.0	0.2

资料来源:根据《2020安徽统计年鉴》和《2021安徽统计年鉴》整理。

通过观察表1-10的数据,并与往年数据比较和分析,可以发现:

第一,税收收入占财政收入的比重基本稳定。2017年、2018年、2019年安徽省税收收入占财政收入的比重分别为70.1%、71.5%和69.4%,相应比上年同期分别提高0.6%、1.4%和-2.1%。由于2019年不断实施大规模减税降费政策,2019年和2020年税收收入占财政收入的比重都不足70%,2020年税收收入占财政收入的比重为68.4%。

第二,税收收入增速有所下降。2017年、2018年、2019年安徽省税收收入同比增长额分别为139.6亿元、236.2亿元和29.0亿元,同期增长率分别为5.1%、8.4%和1.3%,2020年增长额为-10.2亿元,同期增长率为

-0.5%，增长速度转为负值，总量和增长速度均有所下降。横向来看，2015—2020 年全国税收收入同期增长率分别为 4.8%、4.4%、10.7%、8.3%、1.0% 和-2.3%，相应比安徽省高 1.5%、1.2%、5.6%、-0.1%、-0.3% 和-1.8%。在持续深化改革时期，安徽省积极调整税收结构，应对经济下行压力，在严峻的经济形势中取得了较好成绩。

第三，税收结构持续优化，主体税种贡献突出。2016—2020 年安徽省增值税占税收收入的比重分别为 45.9%、41.2%、41.5%、42.6% 和 42.9%；2016—2020 年安徽省企业所得税和个人所得税共占税收收入的比重分别为 16.0%、17.9%、19.5%、19.7% 和 20.0%，增幅显著；增值税、企业所得税和个人所得税三大税种的地位依旧凸显，共占税收收入的比重约为 62.9%。

与 2019 年相比，2020 年安徽省税收来源结构变化较小（表 1-10），各税种的具体分析如下：

1. 增值税。2018 年、2019 年增值税收入分别为 906.0 亿元和 942.3 亿元，增长总量分别为 102.6 亿元和 36.3 亿元，相应同比增长率分别为 12.8% 和 4.0%。2020 年安徽省增值税收入为 943.2 亿元，增长总量为 0.9 亿元，同比增长 0.1%，增值税在总量上与 2019 年几乎持平，增长速度明显下降。主要原因在于 2020 年持续贯彻落实大规模减税降费政策和新冠肺炎疫情暴发。

2. 企业所得税。2019 年、2020 年安徽省企业所得税收入分别为 370.9 亿元和 362.5 亿元，增长总量分别为 36.2 亿元和-8.4 亿元，同比增长率分别为 10.8% 和-2.3%，占税收收入的比重分别为 16.8% 和 16.5%，无论是总量、增量，还是增长速度、所占比重，都有所下降。

3. 个人所得税。2019 年、2020 年安徽省个人所得税收入分别为 65.1 亿元和 76.7 亿元，增长总量分别为-27.2 亿元和 11.6 亿元，同比增长率分别为-29.5% 和 17.9%，占税收收入的比重分别为 2.9% 和 3.5%，无论是总量、增量，还是增长速度、所占比重，都有所增加。

4. 契税。2019 年、2020 年安徽省契税收入分别为 231.9 亿元和 226.2 亿元，增长总量都为-5.7 亿元，同比增长率分别为-2.40% 和-2.44%，占税收收入的比重分别为10.5%和10.3%，总量、增量、增长速度以及所占比重，均基本稳定。

5.房产税。2019年、2020年安徽省房产税收入分别为69.0亿元和72.6亿元，增长总量分别为3.9亿元和3.6亿元，同比增长率分别为6.0%和5.2%，占税收收入的比重分别为3.1%和3.3%，总量、增量、增长速度以及所占比重，均基本稳定。

6.土地相关税收。2019年、2020年安徽省城镇土地使用税收入分别为102.7亿元和102.3亿元，增长总量分别为-19.8亿元和-0.4亿元，同比增长率分别为-16.2%和-0.4%，占税收收入的比重分别为4.6%和4.7%。2019年、2020年安徽省土地增值税收入分别为146.8亿元和147.6亿元，增长总量分别为-1.0亿元和0.8亿元，同比增长率分别为-0.7%和0.5%，占税收收入的比重分别为6.6%和6.7%，增长速度有所上升。

7.其他税种。2020年资源税收入为30.7亿元，增长总量为2.5亿元，同比增长率为8.9%，占税收收入的比重为1.4%，比上年减少0.1个百分点；2020年城市维护建设税收入为148.1亿元，增长总量为4.9亿元，同比增长率为3.5%，占税收收入的比重为6.7%，比上年增加0.2%；2020年印花税收入为36.3亿元，增长总量为2.3亿元，同比增长率为6.8%，占税收收入的比重为1.7%，比上年增加0.2%；2020年车船使用和牌照税收入为25.2亿元，增长总量为2.7亿元，同比增长率为11.9%，占税收收入的比重为1.1%；2020年耕地占用税收入为22.8亿元，增长总量为-24.0亿元，同比增长率为-51.4%，占税收收入的比重为1.0%；2020年其他税收收入为5.2亿元，增长总量为-1.0亿元，同比增长率为-16.0%，占税收收入的比重为0.2%。

表1-11 2020年安徽省各市税收收入及主要税种收入增长率(%)

地区	税收收入	增值税收入	企业所得税收入	个人所得税收入
合肥市	0.1	–0.1	–6.0	19.4
淮北市	4.4	–2.8	4.8	8.5
亳州市	–7.0	–5.9	3.1	33.8
宿州市	11.1	7.5	24.9	17.8
蚌埠市	2.9	13.8	–5.4	19.9
阜阳市	–8.4	–9.6	–3.2	11.2
淮南市	–10.0	–13.2	–11.0	13.1
滁州市	–2.7	6.2	8.6	36.2
六安市	0.9	6.6	6.5	29.6
马鞍山市	8.5	15.3	–16.1	–6.0
芜湖市	2.2	1.7	–5.2	27.2
宣城市	0.6	6.4	6.6	13.1
铜陵市	7.2	13.7	–8.3	16.6
池州市	4.7	3.3	9.6	12.3
安庆市	1.8	0.5	12.6	16.5
黄山市	1.0	–5.3	–9.7	5.0

资料来源:根据《2020安徽统计年鉴》和《2021安徽统计年鉴》整理。

根据表1-11,对2020年安徽省各地市税收增长情况作如下分析:

其一,2020年安徽省各地市税收收入增长率总体偏低。有4个市税收收入出现负增长,分别是亳州市、阜阳市、淮南市和滁州市,其余各市税收收入较2019年均有所提高,宿州市增长率最高,超过10.0%,为11.1%,合肥市增长率仅为0.1%。

其二,2020年安徽省各地市增值税收入增长率差距较大。有6个市出现负增长,分别是淮南市、阜阳市、亳州市、黄山市、淮北市和合肥市,增长率分别为–13.2%、–9.6%、–5.9%、–5.3%、–2.8%和–0.1%,其余各市均有正增长，增长率超过10.0%的有3个市，其中马鞍山市增长最快，增长率为15.3%。

其三，受疫情影响，2020年企业所得税收入在不同地市增减情况也有较大不同。有8个地市出现正增长，其中宿州市和安庆市增速较快，增长率分别为24.9%和12.6%；8个地市出现负增长，其中马鞍山市增长率下降到-16.1%。

其四，2020年安徽省各地市个人所得税收入增势明显，除马鞍山市出现负增长以外，其他地市均是正增长。其中，滁州市增长率最高，达到36.2%，马鞍山市增长率下降为-6.0%，二者差距比较明显。

（二）非税收入

表1-12反映的是2020年安徽省非税收入以及分项目收入。2020年安徽省非税收入为1016.5亿元，比上年同期增长43.5亿元，同期增长率为4.5%，比2019年下降了7.6个百分点。其中，罚没收入增长最快，全年实现收入99.3亿元，同比增长率达19.8%，明显高于上年同期。国有资源（资产）有偿使用收入占非税收入比重最大，为37.6%，比上年增长1.3个百分点；增长率由2019年的31.2%降低为8.2%。专项收入增长3.2%，比上年增长1.4个百分点，占非税收入比重为29.0%，比上年下降0.4个百分点。行政事业性收费收入占非税收入比重由2019年的12.8%下降为12.2%。国有资本经营收入和其他收入增长率由正转为负，占非税收入的比重分别由2019年的5.3%降为4.3%，7.7%降为7.1%。

表1-12　2020年安徽省非税收入及部分项目收入

项目	收入/亿元	比上年增长/亿元	增长率/%	占非税收入的比重/%
非税收入	1016.5	43.5	4.5	100.0
专项收入	295.0	9.1	3.2	29.0

续　表

项目	收入/亿元	比上年增长/亿元	增长率/%	占非税收入的比重/%
行政事业性收费收入	123.4	-1.3	-1.1	12.2
罚没收入	99.3	16.4	19.8	9.8
国有资本经营收入	43.9	-7.2	-14.1	4.3
国有资源(资产)有偿使用收入	382.5	28.9	8.2	37.6
其他收入	72.3	-2.3	-3.1	7.1

资料来源:根据《2020安徽统计年鉴》和《2021安徽统计年鉴》整理。

表1-13反映的是2020年安徽省各地市非税收入及部分项目收入的增长率。具体分析主要有以下两点:

第一,总体上看,相比于2019年,2020年安徽省各地市非税收入除了宿州市和蚌埠市呈负增长趋势之外,其他地市均呈正增长趋势。其中,六安市非税收入增速上升明显,由2019年的-10.4%上升到2020年的20.4%;增长率大于10%的有淮北市、亳州市、阜阳市、滁州市和六安市,增长率高于0且低于5%的有淮南市、马鞍山市、芜湖市、宣城市和铜陵市。

第二,各地市的非税收入中增长强劲的项目也有很大不同。其中,专项收入和国有资本经营收入大多为负增长。宣城市和淮南市专项收入增速最快,增长率分别高达34.6%和54.3%,马鞍山市和阜阳市国有资本经营收入增速最快,增长率分别高达446.8%和509.0%。淮北市、亳州市和六安市国有资源(资产)有偿使用收入增速明显,增长率分别为105.8%、81.2%和74.0%。滁州市行政事业性收费收入增长率达到55.7%,蚌埠市罚没收入增长率达到57.7%。蚌埠市、铜陵市其他收入增速也较快,增长率分别为102.5%、93.7%,增势显著。

表1-13　2020年安徽省各市非税收入及部分项目收入增长率(%)

地区	非税收入	专项收入	行政事业性收费收入	罚没收入	国有资本经营收入	国有资源(资产)有偿使用收入	其他收入
合肥市	9.4	5.1	7.2	18.8	−100.0	30.6	−2.7
淮北市	10.6	−6.5	14.4	−1.7	−43.6	105.8	−34.8
亳州市	20.4	−9.9	−26.5	7.3	−64.2	81.2	−23.7
宿州市	−11.0	−2.5	3.0	−10.1	−60.8	0.9	−44.1
蚌埠市	−11.2	−0.2	−53.0	57.7	−44.7	6.8	102.5
阜阳市	18.6	−2.5	19.7	46.9	509.0	20.2	11.1
淮南市	4.3	54.3	−15.4	−9.8	−62.7	21.0	−6.5
滁州市	21.6	10.7	55.7	47.4	54.9	15.3	−7.6
六安市	20.4	−25.0	24.6	31.8	—	74.0	1.2
马鞍山市	3.1	0.6	−0.7	34.8	446.8	−8.7	52.7
芜湖市	4.9	−4.8	−19.8	9.0	16.6	17.8	−27.0
宣城市	4.5	34.6	33.8	30.8	−93.8	−9.6	5.2
铜陵市	0.7	15.0	31.3	−20.1	−100.0	−25.5	93.7
池州市	6.4	−2.3	−12.2	31.8	−14.9	21.7	−28.9
安庆市	7.8	22.4	6.1	0.5	−92.2	−4.6	9.9
黄山市	6.2	4.1	3.2	10.7	73.1	0.5	24.6

资料来源:根据《2020安徽统计年鉴》和《2021安徽统计年鉴》整理。其中,六安市国有资本经营收入数据缺失。

二、2021年财政收入结构

2021年,安徽省财政收入3498.2亿元,比上年增长8.8%。其中,税收收入2389.9亿元,比上年增长190.4亿元,增长率为8.7%,占财政收入比重为68.3%;非税收入1108.3亿元,比上年增长9.0%,占财政收入比重为31.7%。

（一）税收收入

2021年安徽省税收收入和主要税种收入、同比增长情况和占比情况，见表1-14。

表1-14　2021年安徽省税收收入和主要税种收入

项目	收入/亿元	同比增长/亿元	增长率/%	占税收收入的比重/%
税收总额	2389.9	190.4	8.7	100.0
增值税	1007.6	64.4	6.8	42.2
企业所得税	392.4	29.9	8.3	16.4
个人所得税	93.5	16.8	21.9	3.9
城市维护建设税	163.4	15.3	10.3	6.8

资料来源：根据安徽省统计局网站相关资料整理。

表1-14显示，2021年安徽省增值税较上年增长6.8%，占税收收入比重为42.2%，企业所得税收入较上年增长8.3%，个人所得税收入增长迅猛，较上年增长21.9%，企业所得税收入和个人所得税收入共占税收收入的比重为20.3%。总体来看，安徽省税收格局稳定，税制结构优化，主体税种功能凸显。

（二）非税收入

2021年安徽省非税收入和各主要项目收入、同比增长情况和占比情况，见表1-15。

表1-15　2021年安徽省非税收入和主要项目收入

项目	收入/亿元	同比增长/亿元	增长率/%	占非税收入的比重/%
非税收入总额	1108.3	91.8	9.0	100.0
专项收入	313.8	18.8	6.3	28.3
行政事业性收费收入	127.7	4.3	3.5	11.5
罚没收入	112.0	12.7	12.8	10.1

资料来源:根据安徽省统计局网站相关资料整理。

表1-15显示,2021年安徽省非税收入增长趋势较为稳定,非税收入较上年增长91.8亿元,增长9.0%,专项收入、行政事业性收费收入和罚没收入分别较上年增长6.3%、3.5%和12.8%。总体来看,税收收入增长率与非税收入增长率趋于一致,但税收收入增长仍慢于非税收入增长,说明安徽省减税降费政策仍存在一定财政空间。

第四节　2022年财政收入形势及政策前瞻

一、2022年财政收入形势分析

2021年,安徽省坚持稳中求进的总基调,统筹推进疫情防控和经济复苏,较好完成财税各项改革发展目标任务,进一步促进经济有质量、有效益、可持续的提升。在财税政策执行层面,2022年安徽省将认真落实积极财政政策,强化财政政策与其他政策系统集成,做好财政资金直达机制工作,持续深化财税体制改革与预算管理体制改革,加快建立现代财税体制,加强政府债务管理,积极化解财政收支矛盾,旨在进一步激发市场主体活力,促进财政可持续发展,推动安徽省经济平稳健康发展,并在支持经济高质量发展中促进共同富裕。

(一)2022年财政收入宏观形势:经济结构调整与疫情叠加

当前,国内外新冠肺炎疫情仍在持续,经济复苏动力不足,2022年安徽省将面临需求紧缩、供给冲击、预期转弱的三重压力,经济持续平稳运行难度较大,经济高质量发展、共同富裕发展目标任重道远:从短期经济运行情况看,疫情形势变化对整个经济造成的影响仍将延续;从长期宏观经济运行来看,2021年安徽省经济持续恢复向好,综合实力再上新台阶,经济结构持续优化,发展能级不断提升,社会生产力稳步提高,财税政策精准有效,为2022年安徽省财政收入增长奠定坚实基础,也为经济持续健康发展提供有力支撑,在新的经济下行压力下,安徽省经济韧性强,长期向上增长态势没有变,财税政策实施仍存在较大空间。

2021年整体经济指标显示:安徽省生产总值跨越4万亿元台阶,达到42959.2亿元,按可比价计算,同比增长率8.3%,高于全国0.2个百分点,两年平均增长6%。其中,第一产业增加值、第二产业增加值、第三产业增加值分别为3360.6亿元、17613.2亿元、21985.4亿元,同比增长分别为7.4%、7.9%、8.7%。同时,制造业对经济增长的贡献率达到26.4%,比上年提升0.6个百分点。安徽省经济总量实现新突破,动力足、质量优、潜力大、韧性强、活力足等特点得以进一步彰显。主要表现在以下几个方面:

第一,农业生产平稳增长,畜牧业产能快速回升。2021年,安徽省粮食播种面积达到10964.4万亩,比2020年增加30.1万亩;总产量达到4087.6万吨(817.52亿斤),较上年增加68.6万吨(13.7亿斤),实现2017—2021年连续五年稳定在4000万吨(800亿斤)以上;蔬菜、水果产量分别为2445.3万吨、778.1万吨,均比上年增长4.9%;全年猪牛羊禽肉产量455.2万吨,比上年增长15.2%。2021年末生猪存栏、出栏比上年末分别增长11.5%、30.1%,分别高于全国1个百分点、2.7个百分点。

第二,产业协同发展持续推进,新兴行业快速成长。2021年安徽省服务业延续恢复态势,其他各行业持续健康发展,行业支撑有力,其中住宿和餐饮业增长17.2%，高于全国2.7个百分点；租赁和商务服务业增长9.8%，高于全国3.6个百分点；建筑业增长5.2%，高于全国3.1个百分点；金融业增长5.9%，高于全国1.1个百分点；房地产增长6.4%，高于全国1.2个百分点；批发和零售业增长10.8%，信息传输、软件和信息技术服务业增长10.6%，交通运输、仓储和邮政业增长8.2%；工业增长8.9%。

第三，新产业、新业态、新模式发展强劲。2021年从规模以上工业看，高技术制造业增加值同比增长27.4%，高于全国9.2个百分点；装备制造业增加值增长15.5%，高于全国2.6个百分点；新一代信息技术产业产值增长31.2%，新能源汽车产业产值增长31%。新兴服务领域行业蓬勃发展，信息传输、软件和信息技术服务业增加值为964亿元，比上年增长10.6%；新能源技术推广实现营业收入同比增长94.2%；物联网技术服务业实现营业收入同比增长54.8%；互联网生活服务平台实现营业收入同比增长38.2%；互联网信息技术、商务服务等其他营利性服务业实现营业收入增长18.4%。从市场销售看，限额以上实物商品网上零售额同比增长32.9%，通过互联网实现餐费收入同比增长18.7%；从固定资产投资看，高技术产业投资同比增长13.9%，比全部投资高4.5个百分点。

第四，居民收入、就业形势、物价水平总体稳定。2021年安徽省居民人均可支配收入30904元，同比增长9.0%（扣除价格因素之后的实际增长，下同），其中，城镇居民人均可支配收入43009元，同比增长8.0%；农村居民人均可支配收入18368元，同比增长9.8%，高于全国农村居民人均可支配收入中位数1466元，城乡居民收入比值由2020年的2.37缩小到2.34。城镇新增就业70.9万人，超额完成年度目标任务，失业人员再就业26.7万人。消费价格上涨温和，居民消费价格上涨0.9%，其中八大类商品及服务价格指数"六涨二跌"，涨幅由高到低分别是交通通信类、教育文化娱乐类、衣着类、居住类、医疗保健类和生活用品及服务类，分别上涨4.8%、2.8%、1.1%、0.7%、0.5%和0.1%，而食品烟酒类、其他用品及服务分别下降0.5%和3.9%。

第五，利用外资水平稳中有升，进出口结构逐步优化。2021年安徽省货物进出口总额6920.2亿元，同比增长26.9%，高于全国5.5个百分点，两年平均增长20.25%。其中，出口总额占进出口总额的59.2%，进口总额占40.8%，出口、进口总额较2020年分别增长29.5%、23.4%，增长水平均高于全国，且分别高于全国8.3个百分点、1.9个百分点。2021年，外商直接投资项目增长20.9%，合同利用外资增长33.1%，实际利用外商直接投资增长5.4%。出口商品中，高新技术产品出口1218.2亿元，增长37.5%，高于全国19.6个百分点；机电产品出口2526.8亿元，增长35.5%，高于全国15.1个百分点。

总体上看，2021年安徽省经济持续稳定恢复，经济实力持续增强，产业转型加快，结构调整明显，新兴动能不断增强，民生保障有力有效，各项指标实现预期目标，但面对新冠肺炎疫情点状散发的新形势和不确定因素较多的外部环境，安徽省经济持续恢复的基础仍需巩固。结合当前经济形势和我国财税体系，2022年，安徽省宏观经济有较强的韧性和活力，但稳中有升的同时仍应注重细化完善财税政策举措，提升财税政策效能和财政可持续化。

（二）2022年财政收入的自身经济基础：经济恢复向好

2021年，安徽省工业制造业持续发展，生产需求稳步回升，投资消费规模持续扩大，就业形势、物价水平总体稳定，经济总量实现新突破，为2022年安徽省财政收入奠定基础，为全方位推进高质量发展提供重要财力支撑。

第一，工业生产平稳运行，企业效益稳步转佳。2021年安徽省规模以上工业增加值增长8.9%，两年平均增长7.4%。从三大门类看，同比增长率由高到低分别是电力热力燃气及水生产和供应业、制造业、采矿业，增长率分别是15.5%、8.8%、3.6%。从经济类型看，同比增长率由高到低分别是外商及港澳台商投资企业、国有及国有控股企业、股份制企业，企业增加值分别增长12.3%、11.8%、8.5%。从行业看，41个行业中68%保持增长，其中与互联网相关的行业增长幅度高达33.2%。从工业产品看，主要工业产品中汽车增长幅度最大，产量达到150.3万辆，比上年增长29.5%，其中新能源汽车增长1.27倍；10种有色金属产量达到297.5万吨，比上年增长28.9%；微型计算机设备比上年增长19.1%，产量达到3694.8万台；家用洗衣机达到2627.4万台，比上年增长10.4%；房间空气调节器产量达到3385.5万台，比上年增长7.8%；原煤产量达到11274.1万吨，比上年增长1.7%。

第二，固定资产投资持续增长，制造业和其他社会领域投资步伐加快。2021年安徽省固定资产较上年增长9.4%，高于全国4.5%，两年平均增长7.2%。分产业来看，第一产业、第二产业、第三产业投资分别增长39.1%、13.5%、6.9%，分别高于全国30个百分点、2.2个百分点和4.8个百分点。其中，第二产业中，工业投资增长13.5%，采矿业投资增长23.3%，制造业投资增长14.6%，电力热力燃气及水生产和供应业投资增长3.7%，增长速度均高于全国水平。第三产业中，基础设施投资增长7.4%，信息传输、软件和信息技术服务业投资增长46.5%，住宿和餐饮业投资增长7.9%，科学研究和技术服务业投资增长31.6%，分别高于全国58.6%、1.3%和17.1%。

第三，消费品市场发展态势良好，升级类商品消费规模持续扩大。2021年安徽省社会消费品零售总额实现首次突破2万亿元，同比增长17.1%，两年平均增长9.6%。从消费类型来看，餐饮收入和商品零售额分别较上年增长了37.3%和14.5%；从经营地来看，城镇消费品零售额和乡村消费品零售额分别较上年增长了16.9%和18.2%；从商品类别来看，新能源汽车增长4.1倍，智能手机增长1倍，建筑及装潢材料类增长42.4%，通信器材类增长33.3%，金银珠宝类增长33.2%，家具类增长27.4%，日用品类增长17.3%，中西药品类增长15.6%，家用电器和音像器材类增长14.2%，石油及制品类增长13.2%，粮油类增长11.1%，肉禽蛋类增长11%，汽车类增长9.8%，服装类增长8%。

二、2022年财政收入政策前瞻

面对严峻复杂的国内外形势和诸多风险挑战，2021年安徽省坚决落实党中央、国务院部署，统筹疫情防控和经济社会发展，有效应对各种风险挑战，经济快速恢复，实现“十四五”良好开局。高质量发展的优异成绩来之不易，我们应清醒地认识到，当前财政运行还存在一些不足和问题，主要来看，2022年安徽省财政收入的政策布局要重点关注以下四个方面。

（一）持续推进减税降费，助力经济高质量发展

财税政策在减轻企业负担、激发创新活力等方面发挥了重要作用。安徽省持续落实大规模减税降费政策，2017—2021年累计新增减税降费规模超过3800亿元，2021年累计为企业和群众降低税费负担超过300亿元。2022年安徽省要在全面贯彻落实国家减税降费政策的基础上，创新出台地方税收优惠政策，精准帮扶中小微企业、个体工商户、制造业等，促进实体经济发展：一是延续阶段性税费政策。继续实施应对疫情以及2021年年底到期的税收优惠政策，保持政策的连续性，确保减税降费力度只增不减，政策红利落地生根。二是聚焦重点促发展。通过延续执行企业研发费用加计扣除100%等税收优惠政策，支持提高制造业技术及工艺水平等质量创新和质量提升行动；通过相关“六税两费”等配套优惠政策，支持加快发展现代产业体系，着力发展数字经济，支持工业互联网和新一代信息技术产业发展，推进数字产业化和产业数字化；通过用足用好增值税期末留抵退税政策，做到应退尽退，切实缓解企业压力，支持小微企业扩融资、提规模、增效益以及高水平创新平台建设；实施科技创新财税优惠政策，落实高新技术企业税收优惠政策。三是支持培育壮大新动能。通过加大对新动能行业的减税降费力度，对冲企业经营困难，实现“蓄水养鱼”“养大鱼”“养优鱼”的良性循环。

（二）提升财政收入质量，增强财政可持续性

2021年，安徽省财政收入3498.2亿元，税收收入2389.9亿元，税收占比达到68.3%，实现收入质、量的双提升，有效确保了财政收入的可持续性。2021年，安徽省制造业核心竞争力大力增强，数字化经济水平不断提升，外贸投资快速发展，制造业增加值增长8.8%，其中计算机、通信和其他电子设备制造业增长33.2%，工业产品中汽车产量增长29.5%，信息传输、软件和信息技术服务业增加值964亿元，增长10.6%，十大新兴产业签约项目2123个，对外出口总额增长26.9%，外商直接投资项目增长20.9%。

2022年，安徽省要坚决落实党政机关"过紧日子"的要求，在确保财政收入提质增效的同时注重财政的可持续性。一是强化财政收入形势分析研判，确保经济运行在合理区间，同时积极支持实施长三角一体化发展和中部地区高质量发展战略，以确保支持提升财政收入质量效益与财政收入的可持续性。二是努力降低行政运行成本，提高财政资金使用效率。通过强化财政收入运行监测，加大开源节流力度，对冲疫情减收影响，以落实常态化疫情防控下财政可持续发展方案。三是优化财政结构与财政效能。综合考虑财政承受能力与助企纾困政策需要，优先实施"放水养鱼"政策，培育优质企业，助推经济高质量发展，积极支持打造新兴产业聚集地，提升制造业核心竞争力，构建现代服务产业体系，支持培育工业互联网发展，盘活资金资产资源，提振市场主体信心，畅通经济循环。

（三）深化疫情防控政策，拓展财税收入空间

2021年，安徽省财政收入同比增长8.8%，主体税种和多数行业税收总体稳定恢复，甚至有些行业明显赶超疫情前水平，民生保障水平得到很大提升。虽然国内疫情防控效果显著，但是国外疫情形势依旧严峻，2022年，安徽省将优先支持抓好常态化疫情防控，在财税政策方面，统筹财政

预算资金和医疗保险基金等，将税收优惠政策聚焦防疫物资保障企业、公共卫生服务业以及科研攻关，持续促进常态化精准防控体系建设，确保不因资金问题影响疫情防控。

安徽省在2017—2021年累计共减税费超过3800亿元的情况下，财政收入依旧不断提高，财政收入依旧存在挖掘潜力。2022年，安徽省要继续努力向内挖潜，大力盘活资产，优化产业结构，支持培育壮大新动能，聚焦高成长性企业带动。一是继续稳定复苏服务业，加强对文旅企业及线下零售、住宿、交通运输等其他受疫情影响较大行业的定向财税政策；二是将更多工作着力点放在强投资支撑、提产业质效、保市场主体、增发展动能上，积极落实增值税留抵退税等税收优惠政策，鼓励企业扩大再生产；三是把科技创新摆在突出位置，持续创新完善政策机制，激发创新活力，注重发挥数字化改革撬动作用。

（四）动态监控收支平衡，防范化解财政风险

从2021年安徽省宏观经济形势来看，持续性实施大规模减税降费政策在帮助市场主体恢复元气的同时，也带来了一些财政可持续性问题。当前，安徽省存在财政收支总体上处于紧平衡状态，各领域支出刚性增长，预算平衡难度加大等问题。2022年，安徽省一是要将绩效理念和方法深度融入预算全过程，督促加快建设全方位、全过程、全覆盖预算绩效管理体系；二是要强化绩效评价结果刚性约束，健全绩效评价结果反馈制度和绩效问题整改责任制，将绩效评价结果与调整预算、完善政策有机衔接；三是要进一步深化预算管理制度改革，强化预算约束和绩效管理，强化各大政策监督工作，完善现代税收制度，加快建立现代财税体制，规范财政行为，促进行业健康发展。

防范风险是财政工作的永恒主题。2022年，安徽省首先要注重增强风险意识，注重防患未然，及时发现和解决苗头性、倾向性问题，从源头防范财政运行风险，同时注重加强财政承受能力评估和绩效评价，根据经济

发展和财力可能，合理安排民生保障工作。其次要统筹做好新增政府债务限额安排，强化政府债务风险评估管控，完善财政收支动态监测及风险预警系统，处理好稳增长和防风险的关系。最后要稳妥化解隐性债务存量，坚决遏制增量，严格执行各项财经法规和管理制度，保持经济运行在合理区间，保持财政总体大局平衡稳定。

第二章　安徽省财政支出分析

2021年，安徽省全力服务疫情防控和经济社会发展大局，强化财税政策支持和引导，持续推进财税体制改革，严格落实减税降费政策，加大重点支出保障力度。总体来看，安徽省全年财政运行平稳，预算执行情况较好。本章主要探讨三方面内容：2020—2021年财政支出预算执行情况回顾，2020—2021年财政支出规模和结构分析，2022年财政支出政策前瞻。

第一节　2020—2021年财政支出预算执行情况回顾

一、2021年财政支出预算安排情况

（一）省级财政支出预算安排

2021年安徽省省级一般公共预算可用财力为506.5亿元，省级支出相应安排506.5亿元，同比下降4.5%；加中央提前下达转移支付列入省级预

算383.0亿元，加上年结转数列入省级预算39.4亿元，省级一般公共预算支出合计928.9亿元；加返还性支出216.5亿元，加一般性转移支付2257.1亿元，加专项转移支付93.3亿元，加上解支出76.4亿元，加地方政府一般债务转贷支出122.0亿元，省级预算总支出3694.2亿元，如表2-1所示。

表2-1　2020—2021年安徽省省级财政支出预算表

单位：万元

项目	2020年预算	2021年预算	增减/%	中央提前下达转移支付	上年结转	预算合计
一、一般公共服务支出	725314	710598	-2.0	5687	48057	764342
二、国防支出	13743	10301	-25.0	800	130	11231
三、公共安全支出	391887	371899	-5.1	10400	36214	418513
四、教育支出	1048468	1061603	1.3	341422	93853	1496878
五、科学技术支出	223801	417427	86.5	6917	3479	427823
六、文化旅游体育与传媒支出	336937	157150	-53.4	14415	6195	177760
七、社会保障和就业支出	296616	300100	1.2	2703477	37413	3040990
八、卫生健康支出	206978	208933	0.9	30939	37682	277554
九、节能环保支出	59120	59639	0.9	1383	11927	72949
十、城乡社区支出	21974	20887	-4.9	—	488	21375
十一、农林水支出	287181	290242	1.1	60909	19552	370703
十二、交通运输支出	471393	445271	-5.5	494300	71611	1011182
十三、资源勘探信息等支出	293752	278982	-5.0	6534	5604	291120

续 表

项目	2020年预算	2021年预算	增减/%	中央提前下达转移支付	上年结转	预算合计
十四、商业服务业等支出	31705	30061	-5.2	—	802	30863
十五、金融支出	172167	4736	-97.2	—	5	4741
十六、援助其他地区支出	60480	65318	8.0	—	—	65318
十七、自然资源海洋气象等支出	101789	95897	-5.8	—	10919	106816
十八、住房保障支出	169552	161830	-4.6	—	425	162255
十九、粮油物资储备支出	9802	9316	-5.0	153266	2384	164966
二十、灾害防治及应急管理支出	62228	28810	-53.7	—	6766	35576
二十一、预备费	80000	80000	—	—	—	80000
二十二、其他支出	19920	4000	-79.9	—	214	4214
二十三、债务付息支出	214193	250000	16.7	—	—	250000
二十四、债务发行费用支出	2000	2000	—	—	—	2000
合计	5301000	5065000	-4.5	3830449	393720	9289169
加:返还性支出	—	—	—	—	—	2164862
一般性转移支付	—	—	—	—	—	22571033
专项转移支付	—	—	—	—	—	933271

续　表

项目	2020年预算	2021年预算	增减/%	中央提前下达转移支付	上年结转	预算合计
上解支出	—	—	—	—	—	763706
地方政府一般债务转贷支出	—	—	—	—	—	1220000
支出合计	—	—	—	—	—	36942041

资料来源:安徽省财政厅官网。

2021年,在公共财政支出项目中,一般公共服务的预算支出为71.1亿元,较2020年预算同比下降2.0%;国防支出1.0亿元,较2020年预算同比下降25.0%;公共安全支出37.2亿元,较2020年预算同比下降5.1%;教育支出106.2亿元,较2020年预算同比增长1.3%;科学技术支出41.7亿元,较2020年预算同比增长86.5%,这是因为"三重一创"产业发展基金注资科目调整等增加了科学技术支出;文化旅游体育与传媒支出15.7亿元,较2020年预算同比下降53.4%,主要因为调整省广播电视台经营性收入收缴方式改革试点,相关收入减少,支出安排相应减少;社会保障和就业支出30.0亿元,较2020年预算同比增长1.2%;卫生健康支出20.9亿元,较2020年预算同比增长0.9%;节能环保支出6.0亿元,较2020年预算同比增长0.9%;城乡社区支出2.1亿元,较2020年预算同比下降4.9%;农林水支出29.0亿元,较2020年预算同比增长1.1%;交通运输支出44.5亿元,较2020年预算同比下降5.5%;资源勘探信息等支出27.9亿元,较2020年预算同比下降5.0%;商业服务业等支出3.0亿元,较2020年预算同比下降5.2%;金融支出0.5亿元,较2020年预算同比下降97.2%,主要是因为上年一次性项目不再安排;援助其他地区支出6.5亿元,较2020年预算同比增长8.0%;自然资源海洋气象等支出9.6亿元,较2020年预算同比下降5.8%;住房保障支出16.2亿元,较2020年预算同比下降4.6%;粮油物资储备支出0.9亿元，较2020年预算同比下降5.0%；灾害防治及应急管理支出2.9亿元，较2020年预算同比下降53.7%，主要是因为部分项目按用途调整为转移支付支出；预备费支出8亿元，与2020年预算持平；其他支出0.4亿元，较2020年预算同比下降79.9%；债务付息支出25.0亿元，较2020年预算同比增长16.7%；债务发行费用支出0.2亿元，与2020年预算持平。

在公共财政预算之外，2021年的8项省级政府性基金安排预算支出共218.2亿元。其中，本年支出10.6亿元，政府性基金补助支出78.2亿元，地方政府专项债务转贷支出129.0亿元，结转下年0.5亿元。省级国有资本经营支出预算为20.8亿元，较2020年同比下降21.1%。省级国有资本经营支出预算中，包括解决企业历史遗留问题及改革成本支出2.2亿元，国有企业资本金注入18.1亿元，其他国有资本经营预算支出0.5亿元。省级社会保险基金支出安排3194.5亿元，其中本年支出1087.3亿元，补助下级支出37.3亿元，上解上级支出208.0亿元，结转下年支出1862.0亿元。

（二）市级财政支出预算安排

安徽省2021年各市级财政支出预算具体安排，如表2-2所示。

表2-2　2021年安徽省市级预算支出及增长率

地区	市级预算支出/亿元	增长率/%	增长率排名
阜阳市	151	57.46	1
马鞍山市	114.14	22.47	2
黄山市	42.5	20.29	3
滁州市	112.4	18.60	4
芜湖市	196.2	13.61	5
安庆市	100.4	11.43	6
蚌埠市	66.8	10.01	7
淮北市	77.15	9.43	8

续 表

地区	市级预算支出/亿元	增长率/%	增长率排名
铜陵市	48.4	7.80	9
宣城市	61.3	5.51	10
淮南市	73.89	4.51	11
六安市	105.49	4.45	12
亳州市	108.9	3.62	13
宿州市	128.06	0.57	14
池州市	39.9	0.50	15
合肥市	484	-8.56	16

资料来源：根据安徽省各市《2020年财政预算执行情况和2021年财政预算草案》数据整理。

从市级预算支出来看，合肥市仍是预算支出最多的市级单位，2021年合肥市级预算支出484亿元，同比下降8.56%；阜阳市是市级预算支出增长最快的城市，阜阳市2021年市级预算支出151亿元，同比增长57.46%。

二、2021年财政支出预算执行情况

（一）全省财政支出预算执行情况

2021年安徽省财政支出执行的月度进展，见图2-1。从1—12月各月的财政支出情况看，6月是实际支出最多的月份，财政支出金额达到1008.3亿元，占全年预算的13.28%，其次是12月、3月和9月，分别占全年预算的11.51%、9.33%和9.18%。显然，各季度最后一月支出高于前两个月，财政支出存在先慢后快的特征。2021年各季度全省财政支出完成情况如下：第一季度的财政支出1953.4亿元，占总预算的25.73%；第二季度财政支出2085.5亿元，占总预算的27.47%；第三季度财政支出1779.6亿元，占总预算的23.44%；第

四季度财政支出1773.6亿元，占总预算的23.36%。

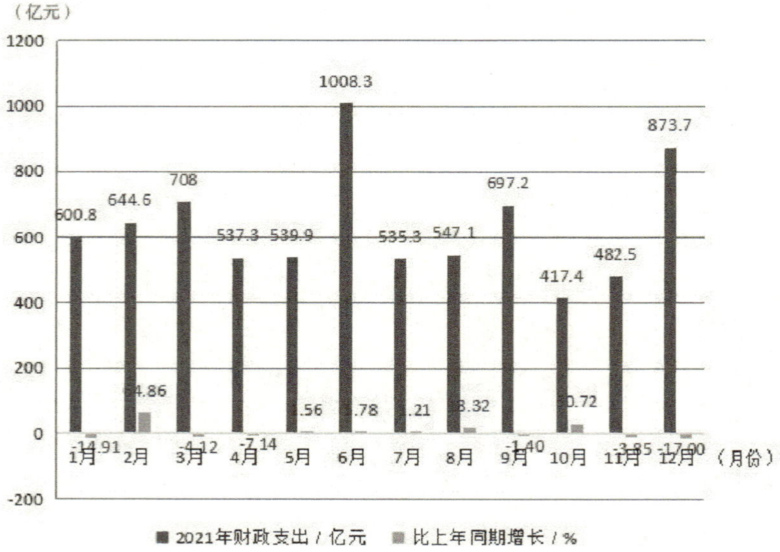

图2-1　2021年安徽省财政支出月度执行情况

1.全省财政支出执行的同比增长情况分析。

为深入分析2021年全省财政支出的执行情况，我们对2020年和2021年的实际支出进行了比较，见图2-2和图2-3。

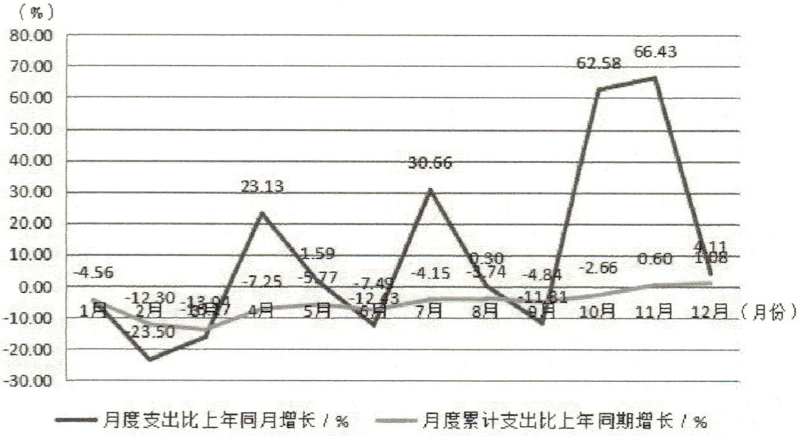

图2-2　2020年全省财政支出月度累计同比增长情况

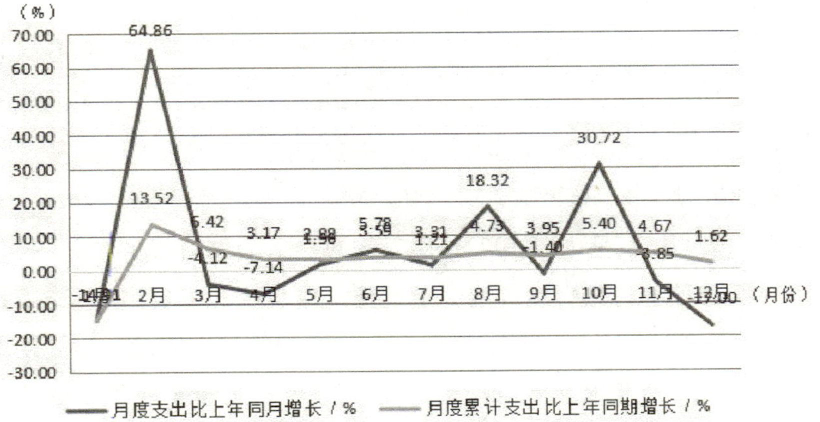

图2-3 2021年全省财政支出月度累计同比增长情况

（1）从2020年全省财政月度支出同比增长情况看，同比增长最大的月份是11月，增长率为66.43%，其次是10月、7月和4月，同比增长率分别为62.58%、30.66%和23.13%，而1月、2月、3月、6月和9月的财政支出呈负增长，同比降幅分别为4.56%、23.50%、16.27%、12.43%和11.81%。总体上，2020年月度同比增长率的平均值为10.02%，各季度存在先高后低的特点。相对于月度同比增长，2020年财政月度累计支出同期增长幅度较为平缓，且1—10月的月度累计同期增长率均小于零。除了2月、3月的降幅较大外，其他月份的累计支出同期增长率大致维持在-8%～2%。

（2）从2021年全省财政月度支出同比增长情况看，同比增长最大的月份是2月，增长率为64.86%，其次是10月、8月，同比增长分别为30.72%和18.32%，1月、3月、4月、9月、11月和12月的财政支出较2020年出现负增长，同比降幅分别为14.91%、4.12%、7.14%、1.40%、3.85%和17.00%。总体上，2021年平均月度同比增长率为6.17%，仅有2月、8月和10月的增长率高于该平均值。相对于月度同比增长，2021年财政月度累计支出同期增长幅度总体较为平缓，平均月度累计支出同期增长率为3.20%。除1月的月度累计同期增长率小于零外，其他月份的累计支出同期增长率均大于零。除1月和2月外，其他月份的月度累计支出同期增长率均保持在1%

~7%的区间内,差距较小。

(3)通过对2020年与2021年财政支出同比增长情况进行比较分析可以看出:2020年全省财政支出的月度同比增长波动较大。2020年最高值和最低值分别为66.43%和-23.50%,两者差额为89.93%。2021年的最高值和最低值分别为64.86%和-17.00%,两者差额为81.86%。2020年2月的月度同比增长值最大,而2021年11月的月度同比增长值最大,2020年和2021年各月份的月度同比增长值变化差距较大;2021年的月度累计支出同期增长率大部分为正值,明显大于2020年的月度累计支出同期增长率。2021年的月度累计支出同期增长幅度大于2020年的月度累计支出同期增长幅度。通过数值计算可得出2021年的方差大于2020年,从图2-2和2-3也可以看出,除了个别极端值外,2020年月度累计支出同期增长幅度较2021年更为平稳。

2. 全省财政支出分项目执行情况分析。

我国预算支出按照2007年新的财政支出标准可分为21个项目,下文选取支出比重较高且与居民生活息息相关的10项进行详细分析。具体包括一般公共服务、教育、科学技术、文化旅游体育与传媒、社会保障与就业、卫生健康、节能环保、城乡社区、农林水、交通运输。这10项财政支出不同月份的具体规模,见表2-3。

表2-3 2021年1—12月全省财政支出分项目月度支出执行情况

单位:亿元

月份	一般公共服务	教育	科学技术	文化旅游体育与传媒	社会保障与就业	卫生健康	节能环保	城乡社区	农林水	交通运输
1	41.9	120.4	14.2	4.6	133.4	83.4	20.0	59.1	41.4	12.2
2	54.1	107.4	20.2	7.2	155.8	75.7	13.0	63.9	52.5	18.7
3	40.9	100.0	36.8	4.8	90.2	86.7	19.9	107.4	51.0	80.4
4	44.6	101.2	45.1	5.3	123.7	58.6	14.0	57.1	39.7	-21.6

续 表

月份	一般公共服务	教育	科学技术	文化旅游体育与传媒	社会保障与就业	卫生健康	节能环保	城乡社区	农林水	交通运输
5	42.6	106.3	28.1	5.9	65.1	59.5	11.7	75.5	54.7	19.0
6	59.1	136.4	58.5	8.3	206.9	99.5	20.2	123.2	146.5	32.0
7	42.2	78.2	19.9	5.8	67.1	58.3	11.5	41.7	106.9	23.9
8	41.8	84.6	37.9	6.9	68.9	43.4	12.1	62.4	72.1	22.9
9	56.0	132.3	34.9	11.1	89.1	58.1	17.5	83.9	80.1	36.9
10	34.0	79.6	20.1	6.0	68.4	24.5	11.2	43.1	49.7	15.1
11	39.7	115.5	26.0	6.0	51.4	32.5	18.1	43.5	58.2	26.3
12	26.4	154.5	73.8	14.3	110.1	47.2	29.7	99.2	190.3	38.4

资料来源:根据安徽省统计局相关数据整理。

从表2–3可以看出:教育、社会保障与就业、农林水、城乡社区、卫生健康和一般公共服务是财政支出的重点项目,说明安徽省财政支出以民生保障为主线,聚焦增进民生福祉,着力构建公共财政向民生倾斜的框架结构。1—12月各项目支出总计排名为:教育1316.4亿元,社会保障与就业1230.1亿元,农林水943.1亿元,城乡社区860.0亿元,卫生健康727.4亿元,一般公共服务523.3亿元,科学技术415.5亿元,交通运输304.2亿元,节能环保198.9亿元,文化旅游体育与传媒86.2亿元。

(二)市级财政支出预算执行情况

1.市级财政支出完成预算情况分析。

表2–4给出了2021年1—12月市级财政支出月度执行情况。可以看出,合肥市财政支出最高,尤其是12月高达193亿元,是同月最低城市马鞍山市的16倍多;阜阳市是全省财政支出第二大城市,平均每月支出

52.98亿元；支出相对较低的池州市和铜陵市月均财政支出分别为14.41亿元和16.22亿元，位列全省倒数两位。由此可见，地区财政支出不仅与人口、地理、环境等因素相关，与城市经济发展水平也密切相关。

表2-4　2021年1—12月市级财政支出月度执行情况

单位：亿元

地区	1月	2月	3月	4月	5月	6月	7月	8月	9月	10月	11月	12月
合肥市	90.5	86	121.5	77.6	86.6	163.2	58	97.9	119.1	50.3	80	193
淮北市	20.9	17.7	13.6	10.9	13	17	15.3	14.1	24.8	10.8	14.9	22.8
亳州市	26.5	28.9	22.2	27.1	36.8	49.1	31.7	27.7	34.4	20.8	26.8	45.4
宿州市	41.6	42.7	34.3	39.7	29.4	63.3	32.7	25.6	46.6	29	33.3	55.86
蚌埠市	20.8	29.9	27.2	24.1	21.3	34.3	30.7	20.9	25.6	19.5	26.3	48.2
阜阳市	38.9	55.8	48.7	44.4	49.6	78.1	46.9	76.1	61.4	32.9	42.4	60.5
淮南市	15.8	23.9	19	19.6	23.8	37.3	23.3	16.4	30.2	17.1	17.4	33.8
滁州市	37.7	38	45.9	31.3	35.6	57.4	39	28.1	37.6	23.7	32.2	55.2
六安市	47.8	32.4	45.6	36	36.8	55.2	41	40.2	48.8	24.3	25.3	51.5
马鞍山市	22.2	24.7	29.3	28	28.1	32	27.7	23.3	27.6	19.7	12.7	12
芜湖市	50.1	35	58	44.3	39.7	59.5	31.1	34.1	45.2	28.2	28.3	50
宣城市	30.9	26.4	40.9	24	22.5	40.9	27.4	17.7	27.5	18.3	14.3	24.4
铜陵市	13.7	18.2	20.4	11.9	14.5	28.8	12.9	12.5	19.9	7.2	12.1	22.5
池州市	14.6	12.5	13.9	11.9	13.8	24.6	13.5	14.5	15.8	8.3	14.8	14.75
安庆市	52.6	39.4	43.9	32.7	33.9	57.5	33.2	37.6	39.7	28.1	31.2	53.2
黄山市	15.5	21.5	17.4	11.1	12.3	22.3	12.1	13.7	15.9	12.5	17.6	42.2

资料来源：根据安徽省统计局网站相关数据整理。

2. 市级财政支出执行的同比增长情况分析。

图 2-4 反映了 2020—2021 年 1—12 月市级财政支出累计增长情况。整体来看，2021 年各市的财政支出同比增幅与 2020 年财政支出同比增幅相比差距不大。2020 年同期增长率最高的是淮南市，为 9.95%，最低的是蚌埠市，增长率为-3.44%。2021 年同期增长速度最快的是马鞍山市，同期增长率为 8.50%，最低的是阜阳市，增长率为-5.26%。通过计算可以得到，2021 年各市财政支出同期增长率的极差 13.76% 大于 2020 年的极差 13.39%。2020 年财政支出增幅极大值比 2021 年的极大值大 1.45%，财政支出增幅极小值差距为 1.82%。

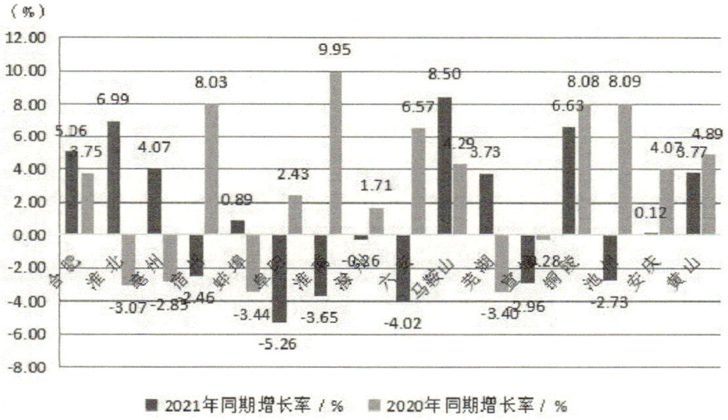

图 2-4　2020—2021 年 1—12 月市级财政支出累计增长情况

第二节　2020—2021 年财政支出规模分析

一、近 15 年安徽省财政支出规模情况

财政支出的波动对经济增长具有双重影响。财政支出规模的适度增加能够促进经济增长，但当其达到最佳规模后，财政支出的增加就会对经济增长产生负面的影响。随着经济的发展，安徽省的财政支出规模在不

断扩大，财政支出占GDP的比重也有所提高。

表2-5中的数据描述了2006—2020年安徽省财政支出规模的变化情况。从绝对指标来看，近15年来安徽省财政支出的绝对规模一直呈现稳定增长，波动幅度不大。地区生产总值从2006年的6115.20亿元持续增长到2020年的38680.63亿元，增长了5.33倍。财政支出总额由2006年的940.23亿元增长到了2020年的7471亿元，增长了6.95倍。

表2-5　2006—2020年安徽省财政支出规模情况

年份	财政支出/亿元	GDP/亿元	财政支出占GDP比重/%	财政支出弹性系数	财政支出边际倾向
2006	940.23	6112.50	15.38	2.24	0.30
2007	1243.83	7360.92	16.90	1.58	0.24
2008	1647.13	8851.66	18.61	1.60	0.27
2009	2141.92	10062.82	21.29	2.20	0.41
2010	2587.61	12359.33	20.94	0.91	0.19
2011	3302.99	15300.63	21.59	1.16	0.24
2012	3961.01	17212.05	23.01	1.59	0.34
2013	4349.69	19229.34	22.62	0.84	0.19
2014	4664.10	20848.75	22.37	0.86	0.19
2015	5239.01	22005.63	23.81	2.22	0.50
2016	5522.95	24117.89	22.90	0.56	0.13
2017	6202.00	27018.00	22.96	1.02	0.23
2018	6572.15	30006.80	21.90	0.54	0.12
2019	7391.00	37113.98	19.91	0.53	0.12
2020	7471.00	38680.63	19.31	0.26	0.05

资料来源：根据各年份《安徽统计年鉴》及安徽省统计局官网相关数据整理。

从相对规模上来看，安徽省财政支出占GDP的比重在2006—2009年间持续上升，2010—2015年增长速度有所放缓，2015—2020年该指标总体呈下降趋势。财政支出对GDP的弹性系数波动幅度较大，最大值为2006年的2.24，最小值为2020年的0.26。财政支出对GDP的边际倾向就是每增加一单位的GDP所带来的财政支出的增加量，由表2-5可以看出，安徽省财政支出对GDP的边际倾向从2006年到2020年这15年间都不超过0.5，说明安徽省经济增长对财政的依赖程度不高。

安徽省近15年来财政支出占GDP比重的状况见图2-5。该比重总体呈现小幅度波动增长趋势，个别年份有所下降。2006—2009年为第一阶段，这一阶段安徽省财政支出占GDP比重有较为明显的上升；2009—2015年为第二阶段，呈现升降交替的特点且变化幅度不大，2010年较2009年略有下降，而后不断上升至2012年，2013年和2014年逐年下降，2015年又有较大幅度的上升；2015—2020年为第三阶段，总体呈下降趋势。通过比较可以看出，2006—2012年财政支出规模（财政支出占GDP比重）呈现上升趋势，达到峰值23.01%，2012—2020年出现下降趋势。总体来说，财政支出的绝对数额在不断上升，财政支出占GDP的比重呈现小幅度下降趋势，这在一定程度上说明政府对公共财政支出投入力度仍有提升空间。

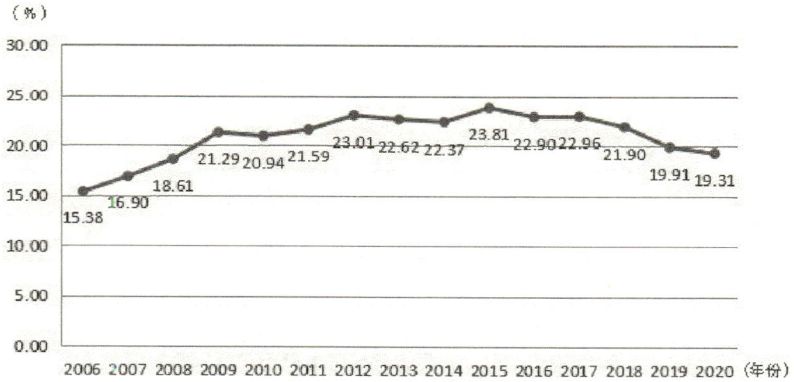

图2-5　2006—2020年安徽省财政支出占GDP比重示意

图2-6显示的是安徽省2006—2020年这15年间财政支出对GDP的弹性系数情况。可以看出，安徽省财政支出对GDP一直由来都是富有弹性的。该指标总体从2006年的2.24降至2020年的0.26，2006—2009年这

4年间弹性系数持续高于1.5，最高为2006年的2.24，也是15年间的最高值，2010—2013年的弹性系数先升后降，呈抛物线状，2014年弹性系数与2013年基本保持不变，2015年有较大幅度的上升，到2016年又迅速下降至0.56，2017年明显上升至1.02，2018年迅速下降至0.54，2019年下降至0.53，2020年降至15年间的最低值0.26。

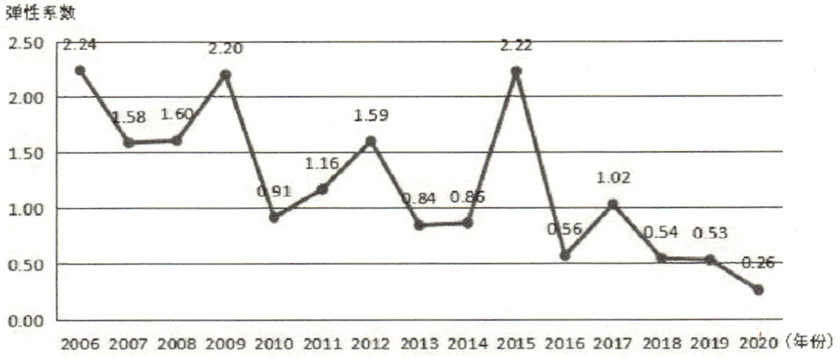

图2-6　2006—2020年安徽省财政支出弹性系数

图2-7显示的是安徽省2006—2020年财政支出的边际倾向状况。可以看出，安徽省财政支出对GDP的边际倾向总体在0.05 ~ 0.5区间内波动，变化不大且边际倾向较低。2006—2009年，除2009年的极大值0.41外，其余都在0.25上下波动，且幅度不大，2010—2012年逐年上升，而后降至2014年的0.19，2015达到最大值0.50，2016年明显降至0.13，2017年回升至0.23，而后降至2019年的0.12，2020年降至15年间的最低值0.05。

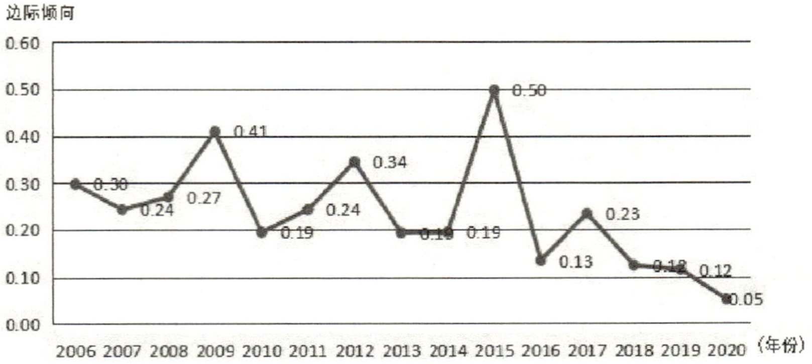

图2-7　2006—2020年安徽省财政支出边际倾向

二、2020年财政支出规模

2020年安徽省财政支出累计完成7471亿元，比2019年同期增长1.08%。重点支出项目中，教育支出增长3.18%，科学技术支出减少2.06%，社会保障与就业支出增长8.45%，卫生健康支出增长10.79%，城乡社区支出减少25.47%。表2-6的数据显示2020年安徽省财政支出规模，相比于2019年同期变化幅度不大。

表2-6 安徽省2020年财政支出规模及其增长情况

单位：亿元

月份	2020年财政支出	2019年财政支出	同期增长额	同期增长率/%
1	706.1	739.8	–33.7	–4.56
2	391.0	511.1	–120.1	–23.50
3	738.4	881.9	–143.5	–16.27
4	578.6	469.9	108.7	23.13
5	531.6	523.3	8.3	1.59
6	953.2	1088.5	–135.3	–12.43
7	528.9	404.8	124.1	30.66
8	462.4	461.0	1.4	0.30
9	707.1	801.8	–94.7	–11.81
10	319.3	196.4	122.9	62.58
11	501.8	301.5	200.3	66.43
12	1052.6	1011.0	41.6	4.11

资料来源：根据安徽省统计局网站相关统计数据整理。

2020年安徽省财政支出同期增长率的变化情况，见图2-8。通过图形可以看出2020年各月的财政支出变化波动幅度较为明显，4月、7月和10

月出现了较大程度的上升，升幅分别为39.4%、43.09%和74.39%，12月出现了大幅的下降，降幅为62.32%。

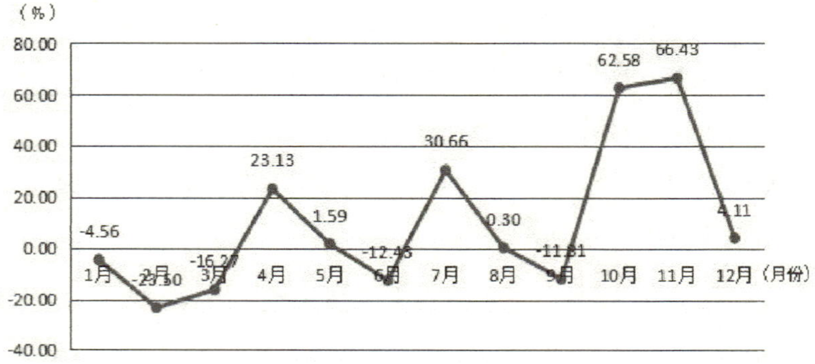

图2-8　2020年安徽省财政支出同期增长率情况

三、2021年财政支出规模

2021年安徽省财政支出累计完成7592.1亿元，比2020年同期增长1.62%。重点支出项目中，教育支出增长4.25%，科学技术支出增长12.39%，社会保障与就业支出增长4.58%，卫生健康支出减少4.36%，城乡社区支出减少0.23%。表2-7的数据显示2021年安徽省财政支出规模，相比于2020年同期变化幅度不大。

表2-7　安徽省2021年财政支出规模及其增长情况

单位：亿元

月份	2021年财政支出	2020年财政支出	同期增长额	同期增长率/%
1	600.8	706.1	–105.3	–14.91
2	644.6	391	253.6	64.86
3	708	738.4	–30.4	–4.12
4	537.3	578.6	–41.3	–7.14
5	539.9	531.6	8.3	1.56

续 表

月份	2021年财政支出	2020年财政支出	同期增长额	同期增长率/%
6	1008.3	953.2	55.1	5.78
7	535.3	528.9	6.4	1.21
8	547.1	462.4	84.7	18.32
9	697.2	707.1	–9.9	–1.40
10	417.4	319.3	98.1	30.72
11	482.5	501.8	–19.3	–3.85
12	873.7	1052.6	–178.9	–17.00

资料来源:根据安徽省统计局网站相关统计数据整理。

2021年安徽省财政支出同期增长率的变化情况,见图2–9。通过图形可以看出2021年各月的财政支出变化波动幅度较为明显,2月和10月出现了较大程度的上升,升幅分别为79.77%和32.12%,3月出现了大幅的下降,降幅为68.98%。

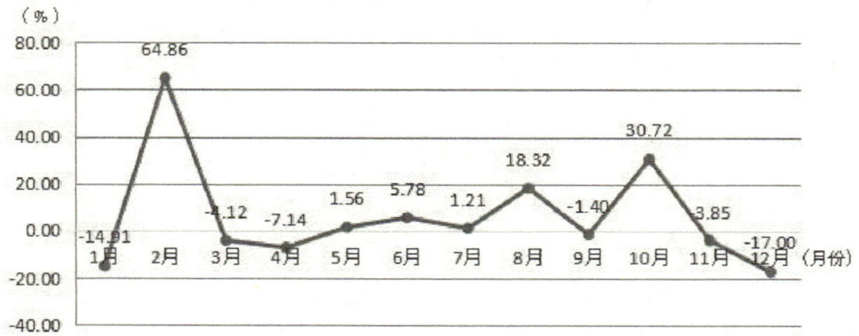

图2–9 2021年安徽省财政支出同期增长率变化情况

四、各地方财政支出规模及增长情况

各地市的财政支出状况对于安徽省的政策选择具有重大影响,对于各地市的财政支出行为的分析,在提升公民福利、改善财政政策等方面也具有重要的意义。因此，正确认识安徽省各地市财政支出规模及增长情况就显然十分重要，表2-8总结了2020年安徽省各市的财政支出规模及其增长率的数据。

表2-8　2020年安徽省各市财政支出情况

地区	2020年财政支出/亿元	财政支出同比增长率/%	财政支出总规模排名
合肥市	1164.8	-3.62	1
阜阳市	671.0	-2.37	2
六安市	505.2	-6.16	3
宿州市	486.0	-7.44	4
芜湖市	485.4	3.52	5
安庆市	482.4	-3.91	6
滁州市	462.9	-1.69	7
亳州市	362.7	2.94	8
蚌埠市	325.9	3.56	9
宣城市	324.8	0.28	10
淮南市	288.1	-9.05	11
马鞍山市	264.8	-4.11	12
黄山市	206.3	-4.66	13
淮北市	183.0	3.17	14
铜陵市	182.5	-7.47	15
池州市	177.8	-7.48	16

资料来源：根据各市财政统计数据整理。

从表2-8中可以看出，合肥市、阜阳市、六安市稳坐安徽省财政支出前三位，合肥市2020年财政支出总额1164.8亿元，为全省最高，是第二位阜阳市的1.74倍，是第十六位池州市的6.55倍。安徽省所有地级市中，蚌埠市的财政支出较上年同比增长率最大，为3.56%。人均财政支出更能显示各城市的财政支出负担，若按照人均财政支出规模排名，名次情况如表2-9所示。

表2-9　2020年安徽省人均财政支出情况

地区	2020年财政支出/亿元	人均财政支出/元	人均财政支出排名
黄山市	206.3	15499.96	1
铜陵市	182.5	13907.94	2
芜湖市	485.4	13313.95	3
池州市	177.8	13236.06	4
宣城市	324.8	12986.81	5
合肥市	1164.8	12426.65	6
马鞍山市	264.8	12254.82	7
滁州市	462.9	11605.87	8
安庆市	482.4	11577.23	9
六安市	505.2	11494.78	10
蚌埠市	325.9	9882.95	11
淮南市	288.1	9494.18	12
淮北市	183.0	9284.63	13
宿州市	486.0	9124.38	14
阜阳市	671.0	8179.64	15
亳州市	362.7	7254.89	16

资料来源：根据安徽省统计局及各市统计局网站数据计算整理，其中人均财政支出按照各市年末常住人口总数计算。

通过表2-9可以看出，人均财政支出最高的城市为黄山市，支出达到15499.96元，人均财政支出最低的城市为亳州市，支出大约仅为黄山市的二分之一；铜陵市、芜湖市人均财政支出位列第二、第三。从图中比较可以看出，皖南地区城市的人均财政支出普遍高于皖北地区，阜阳市、六安市等人口大市虽然财政支出总额排名靠前，但人均财政支出排名较为靠后。由此可见，各市之间的财政支出数额各不相同，存在显著差异。

第三节　2020—2021年财政支出结构分析

一、财政支出总体结构

（一）财政支出分类结构

2020年，安徽省财政支出累计完成7470.96亿元，增长1.08%。重点支出项目中，教育支出较2019年同比增长3.18%，科学技术支出较2019年同比减少2.06%，社会保障与就业支出较2019年同比增长8.45%，卫生健康支出较2019年同比增长10.79%，城乡社区支出较2019年同比减少25.47%。其中，从支出规模角度由高到低依次排列前五项分别为教育支出、社会保障和就业支出、农林水支出、城乡社区支出以及卫生健康支出，其金额分别为1262.80亿元、1176.21亿元、920.74亿元、861.87亿元和760.55亿元，占比分别为16.90%、15.74%、12.32%、11.54%和10.18%，五项总占比达到66.69%。

2021年，安徽省财政支出累计完成7592.14亿元，增长1.62%。重点支出项目中，教育支出较2020年同比增长4.25%，科学技术支出较2020年同比增长12.39%，社会保障与就业支出较2020年同比增长4.58%，卫生健康支出较2020年同比减少4.36%，城乡社区支出较2020年同比减少0.23%。其中，从支出规模角度由高到低依次排列前五项分别为教育支出、社会保障和就业支出、农林水支出、城乡社区支出以及卫生健康支出，其金额分别为1316.43亿元、1230.09亿元、943.11亿元、859.93亿元和727.41亿元，占比分别为17.34%、16.20%、12.42%、11.33%和9.58%，五项总占比达到66.87%。重点支出项目中，教育支出、社会保障支出占财政总支出的比重超过15%，这说明安徽省在维护社会教育公平保障民生方面投入了比较大的财力。而科学技术支出占财政总支出的比重偏低，尤其相较于其他重点支出项目而言，科学技术支出数额过少，2021年占比仅为5.47%，因此科学技术支出占比偏低。其他项目中，如从文化旅游体育与传媒支出占财政总支出比重的情况来看，2019年、2020年以及2021年分别为1.19%、1.30%和1.14%，年均占比为1.21%，占比较低，2021年文化旅游体育与传媒支出出现了负增长的情况，为-11.16%，这在一定程度上说明对文化旅游体育与传媒支出的关注度有待提升。

表2-10　2019—2021年安徽省财政支出分类结构

项目	2019		2020		2021	
	支出总数/亿元	占财政总支出的比重/%	支出总数/亿元	占财政总支出的比重/%	支出总数/亿元	占财政总支出的比重/%
一般公共服务支出	567.75	7.68	516.82	6.92	523.46	6.89
国防支出	6.32	0.09	6.02	0.08	5.73	0.08
公共安全支出	296.56	4.01	300.43	4.02	308.92	4.07
教育支出	1223.92	16.56	1262.80	16.90	1316.43	17.34
科学技术支出	377.43	5.11	369.65	4.95	415.45	5.47
文化旅游体育与传媒支出	88.07	1.19	97.01	1.30	86.18	1.14
社会保障和就业支出	1084.55	14.67	1176.21	15.74	1230.09	16.20
卫生健康支出	686.48	9.29	760.55	10.18	727.41	9.58

续 表

项目	2019		2020		2021	
	支出总数/亿元	占财政总支出的比重/%	支出总数/亿元	占财政总支出的比重/%	支出总数/亿元	占财政总支出的比重/%
节能环保支出	312.50	4.23	191.21	2.56	199.10	2.62
城乡社区支出	1156.46	15.65	861.87	11.54	859.93	11.33
农林水支出	736.73	9.97	920.74	12.32	943.11	12.42
交通运输支出	274.24	3.71	333.39	4.46	304.10	4.01
资源勘探信息等支出	99.31	1.34	115.34	1.54	98.14	1.29
商业服务业等支出	26.40	0.36	43.56	0.58	56.71	0.75
金融支出	4.90	0.07	7.61	0.10	7.38	0.10
援助其他地区支出	5.50	0.07	5.82	0.08	5.76	0.08
自然资源海洋气象等支出	47.56	0.64	59.91	0.80	64.93	0.86
住房保障支出	211.51	2.86	218.17	2.92	222.83	2.94
粮油物资储备支出	26.33	0.36	30.48	0.41	29.35	0.39
其他支出	7.49	0.10	6.72	0.09	3.46	0.05

资料来源:根据安徽统计年鉴及安徽省统计局网站相关数据整理。

(二)财政支出弹性

财政支出弹性系数是指各项财政支出的增长率与财政支出总额增长率的比值,反映了各项财政支出对于财政支出总额增长幅度的敏感程度。如果某一个财政支出项目的财政支出弹性大于1,说明该项支出项目的增长幅度大于财政支出总额的增长幅度,该项支出项目的增长促进了财政支出总额的增大。同理,若一项财政支出项目的财政支出弹性小于1,说明其增长幅度小于财政支出总额的增长幅度，该项支出项目的增长反而导致了财政支出总额的减少。安徽省2019年、2020年、2021年财政支出弹性，各项财政支出同期增长率，各项财政支出的弹性系数，见表2-11、图2-10、图2-11。

表2-11　2019—2021年安徽省各项财政支出弹性系数

项目	2019		2020		2021	
	同期增长/%	弹性系数	同期增长/%	弹性系数	同期增长/%	弹性系数
一般公共服务支出	12.76	1.02	−8.97	−8.29	1.28	0.79
国防支出	1.12	0.09	−4.73	−4.37	−4.85	−2.99
公共安全支出	3.01	0.24	1.30	1.21	2.83	1.74
教育支出	9.86	0.79	3.18	2.94	4.25	2.62
科学技术支出	28.07	2.25	−2.06	−1.90	12.39	7.64
文化旅游体育与传媒支出	9.98	0.80	10.15	9.38	−11.16	−6.88
社会保障和就业支出	13.51	1.08	8.45	7.81	4.58	2.82
卫生健康支出	9.46	0.76	10.79	9.97	−4.36	−2.69
节能环保支出	49.19	3.95	−38.81	−35.87	4.12	2.54
城乡社区支出	15.69	1.26	−25.47	−23.55	−0.23	−0.14
农林水支出	4.31	0.35	24.98	23.09	2.43	1.50
交通运输支出	22.29	1.79	21.57	19.94	−8.78	−5.42
资源勘探信息等支出	−6.13	−0.49	16.14	14.92	−14.91	−9.19
商业服务业等支出	−27.93	−2.24	64.98	60.06	30.21	18.63
金融支出	−21.45	−1.72	55.25	51.07	−3.09	−1.90
援助其他地区支出	−2.46	−0.20	5.68	5.25	−1.03	−0.64
自然资源海洋气象等支出	−1.57	−0.13	25.96	24.00	8.38	5.17

续 表

项目	2019		2020		2021	
	同期增长/%	弹性系数	同期增长/%	弹性系数	同期增长/%	弹性系数
住房保障支出	–3.49	–0.28	3.15	2.91	2.14	1.32
粮油物资储备支出	1.11	0.09	15.75	14.56	–3.71	–2.29

资料来源:根据安徽统计年鉴及安徽省统计局网站相关数据整理。

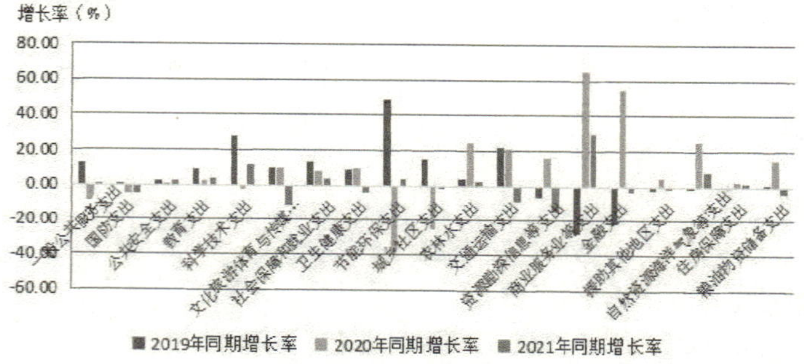

图 2–10　2019—2021 年安徽省各项财政支出同期增长率

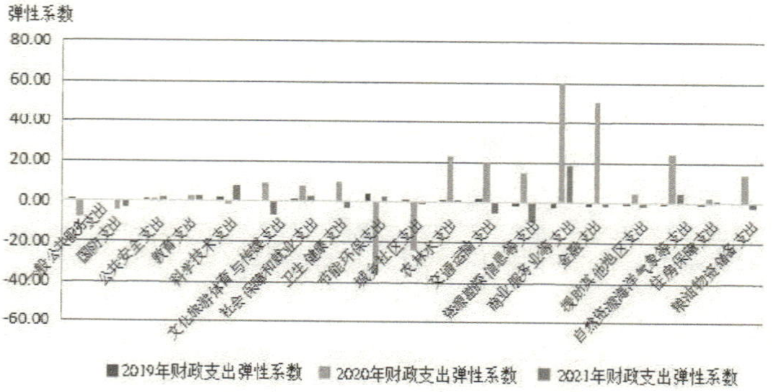

图 2–11　2019—2021 年安徽省各项财政支出的弹性系数

2019 年财政支出总规模相对于 2018 年增长幅度为 12.46%。在各项支出中,增长速度最快的为节能环保支出,该项支出弹性系数达到 3.95,说明此项支出规模的增长推动了财政支出总额的增加。另外,教育支出、社会保障和就业支出、城乡社区支出、农林水支出、卫生健康支出的支出弹性系数分别为0.79、1.08、1.26、0.35和0.76。

2020年财政支出总规模相对于2019年增长幅度为1.08%。在各项支出中，增长速度最快的为商业服务业等支出，该项支出弹性系数达到60.06，说明此项支出规模的增长推动了财政支出总额的增加。另外，教育支出、社会保障和就业支出、城乡社区支出、农林水支出、卫生健康支出的支出弹性系数分别为2.94、7.81、-23.55、23.09和9.97。

2021年财政支出总规模相对于2020年增长幅度为1.62%。在各项支出中，增长速度最快的为商业服务业等支出，该项支出弹性系数达到18.63，说明此项支出规模的增长推动了财政支出总额的增加。另外，教育支出、社会保障和就业支出、城乡社区支出、农林水支出、卫生健康支出的支出弹性系数分别为2.62、2.82、-0.14、1.50和-2.69。

二、财政支出结构分析

财政是国家治理的基础和重要支柱，财政支出是财政分配的重要组成部分。安徽省一般公共预算支出进度在全国排名靠前，在财政支出项目中，社保、教育、住房保障等民生领域的支出保持较快增长。

（一）更加注重提质增效添活力，促进经济持续恢复向好

1.落实积极的财政政策。不折不扣落实减税降费政策，继续执行制度性减税政策，认真落实新的结构性减税举措，分类调整应对疫情的阶段性政策，积极落实阶段性税收缓缴措施，进一步加大助企纾困力度，帮助市场主体恢复元气、增强活力，全年新增减税降费超过300亿元。有效发挥地方政府债券融资功能，在全国新增政府债务规模较上年下降5.5%的背景下逆势增长5.5%；合理把握政府债券发行节奏，全年发行政府债券2815亿元，支持市政建设、社会事业、交通基础设施建设、医疗卫生等领域1490个重大项目建设。

2.服务壮大实体经济。全省各级财政拨付资金200.1亿元，支持新能源汽车、现代医疗医药、人工智能等新兴产业发展，促进重大新兴产业基地建设，支持打造具有重要影响力的新兴产业聚集地。拨付资金125.5亿元，支持强化工业基础能力建设和提升产业链现代化水平，促进工业互联网等发展，推动制造业高质量发展。拨付资金10.7亿元，新增培育国家级专精特新"小巨人"企业149家、省级专精特新企业400家，进一步促进民营经济发展。强化资金支持，推动"数字江淮"等建设，加快数字化发展。积极发挥政府投资撬动作用，省级拨付资金357.6亿元，有力支持保障性安居工程、铁路、公路、航运、水利等领域重大工程建设。积极推广运用政府和社会资本合作（PPP）模式，安徽省累计纳入财政部管理项目488个、总投资5653亿元，项目落地率、开工数均居全国前列。常态化开展"四送一服"活动，编发安徽省省级财政惠企政策指南，加强财政重大事项合法性审查和公平竞争审查，进一步服务优化营商环境。

3.支持普惠金融发展。支持发展多层次资本市场，对符合条件的股改、上市、挂牌及发债企业给予财政奖补，鼓励企业扩大直接融资。支持有效扩大全省政银担业务，促进"4321"新型政银担业务新增843.7亿元，推动政银担业务平均担保费率降至0.86%，小微企业融资成本进一步降低。加大对创业担保贷款的支持力度，拨付贴息资金6.9亿元，积极支持促进创业带动就业。省级拨付资金35.6亿元，支持12支政府性股权投资基金运行，基金投资额459亿元，投资项目866个。积极推进国有金融资本管理改革。面向全省财政系统开展资本市场业务全员学习培训，全年培训12000多人次，省级举办"资本市场、'双招双引'、工业互联网"专题培训11期，着力提高财政干部统筹运用财政政策和金融政策工具的专业化能力和水平。

（二）更加注重强基建制聚焦点，助力创新驱动发展

1.持续推动创新平台建设。聚焦科技创新，坚持综合施策、加大投

入，把有限的财政资源向重大创新平台聚焦，财政科技支出415亿元、增长12.3%，助力安徽省区域创新能力稳居全国第一方阵。全省各级财政拨付资金44.8亿元，支持强化国家战略科技力量，提升合肥综合性国家科学中心功能，保障关键核心技术攻关，支持“科技创新2030—重大项目”启动实施，促进科技创新策源能力进一步提升。探索建立国家实验室人员、运行、项目“央地共同支持、分类合理负担”的稳定保障机制，切实保障国家实验室建设运行。加大资金支持力度，积极培育32家省实验室和省技术创新中心。

2. 持续推动科技体制机制创新。聚焦“量子计算”“半导体芯片”等领域，支持实施“揭榜挂帅”科技攻关。推进科研经费“放管服”，改革完善省级财政科研经费管理。赋予科研人员更大自主权，在75项省自然科学基金杰出青年、优秀青年项目中率先开展经费包干制试点。省级统筹人才资金6.4亿元，支持夯实创新发展的人才基础。

3. 持续推动深化供给侧结构性改革。支持推广亩均效益评价工作，引导企业树立“亩均论英雄”的发展理念。统筹用好专项资金，出台专项资金管理暂行办法，支持中国（安徽）自由贸易试验区建设。全省各级财政拨付资金6.1亿元，落实外经贸促进政策，支持外贸企业多元化开拓市场，发展跨境电子商务等外贸新业态新模式，加强外贸平台载体建设，有序开展境外投资合作，促进全省外经贸持续健康发展。创新支持方式，继续支持科技成果转化引导基金，加速推动科技成果向现实生产力转化。

（三）更加注重加强保障补短板，支持推进乡村全面振兴

1. 积极支持巩固拓展脱贫攻坚成果同乡村振兴有效衔接。财政专项扶贫资金调整优化为衔接推进乡村振兴补助资金，全省各级财政拨付资金166.7亿元。强化政策衔接，在原国家级脱贫县延续执行财政涉农资金统筹整合试点政策。优化调整资金投向，优先保障巩固“两不愁三保障”成果。规范资金使用管理，衔接推进乡村振兴补助资金的分配结果全部

公开。

2. 积极支持保障粮食安全。强化财政支农资金和政策保障，为夺取粮食丰产丰收提供支撑。拨付资金123.4亿元，积极落实耕地地力保护、稻谷补贴、种粮农民一次性补贴、产粮大县奖励等种粮奖补政策。出台安徽省农业保险创新发展若干政策，持续推进农业保险提质增效、转型升级和高质量发展。拨付财政保费补贴资金28.2亿元，全面落实国家三大粮食作物完全成本保险和种植收入保险等政策。

3. 积极支持提升农业质量效益。支持实施"藏粮于地、藏粮于技"战略，省级拨付资金85.4亿元，推动高标准农田亩均投入水平大幅提升至2250元。拨付种业专项资金1亿元，支持推进种业自主创新。拨付资金9.3亿元，落实新一轮农机购置补贴政策，支持提升农业机械化水平。拨付农村综合改革补助资金31.3亿元，支持改善农村人居环境，发展壮大村级集体经济，进一步强化村级经费保障。

（四）更加注重绿色发展促转型，支持加强生态文明建设

1. 支持深入打好污染防治攻坚战。全省各级财政拨付资金322亿元，支持深入打好蓝天、碧水、净土保卫战，促进水清岸绿产业优美丽长江（安徽）经济带建设，推动全省生态环境明显改善，如拨付17.3亿元，支持安徽省创建全国首个林长制改革示范区。支持做好碳达峰碳中和工作，用好节能减排补助资金等，支持相关领域节能降碳，促进能源结构转型。

2. 支持推进重点生态保护修复。经过积极申报争取，巢湖流域山水林田湖草沙一体化保护和修复工程项目、池州市国土绿化试点示范项目成功纳入中央财政支持范围。积极对接国家绿色发展基金，推荐项目128个。强化资金保障，推动重点生态功能区保护修复治理。积极开展省级试点，支持和引导市县加强山水林田湖草生态保护修复治理。

3. 支持完善生态保护补偿机制。支持延续实施新安江流域第三轮生态保护补偿机制试点，持续实施皖苏滁河流域生态补偿、大别山区水环境

生态补偿和全省地表水断面生态补偿。落实生态环境损害赔偿资金管理要求，持续推进生态损害赔偿制度改革。

（五）更加注重以人为本保民生，不断增进民生福祉

1.扎实推进民生工程。坚持有序进退、滚动发展，全省民生工程投入资金1288亿元，优化实施33项民生工程。改进民生工程项目调度方式，对城镇老旧小区改造、农村义务教育营养改善项目开展重点绩效评价，修订民生工程考核细则。开展民生领域突出问题专项排查整治，推动完善民生工程长效机制。

2.落实就业优先政策。全省各级财政拨付就业资金29亿元，积极推动中小微企业稳定就业岗位，支持实施高校毕业生基层成长计划和青年见习计划等。强化困难群体帮扶，统筹拨付公益性岗位就业人员岗位补贴和社保补贴近7亿元，支持在全省范围内开发就业困难人员公益性岗位5万个。

3.促进教育和文化体育事业发展。研究起草加大教育投入推进教育高质量发展的意见。聚力攻坚教育投入重点难题，强化资金保障，财政教育支出1316亿元，增长4.3%，推进基础教育普及发展，扩大学前教育资源供给，推动义务教育"双减"政策落地见效，促进职业教育发展，积极支持高校"双一流"建设，有力保障师生待遇，完善学生资助体系，推动教育事业高质量发展。拨付资金86亿元，推动文化旅游和体育事业发展。

4.完善社会保障体系。全省各级财政拨付资金8.9亿元，对医保基金负担的新冠病毒疫苗及接种费用给予补助，支持居民疫苗免费接种。拨付30多亿元，继续支持做好疫情防控相关工作。统筹安排资金，多渠道支持公立医院改革发展，城乡居民医保、基本公共卫生服务经费财政补助标准分别提高到每人每年580元、79元。落实居民养老省级基础养老金提标、职业年金个人账户做实、机关事业单位和企业职工养老保险补缴等政策，不断提升居民养老水平。拨付26.4亿元，支持推进养老服务体系建

设。强化资金支持，积极做好退役士兵社保接续工作，有效保障优抚对象享受各项待遇，支持全省残疾人康复救助和就业创业，推动完善残疾儿童康复救助制度。拨付补助资金167.2亿元，加强低保、特困人员救助供养、临时救助、流浪乞讨人员救助等的保障。

5.支持区域协调发展。推动建立长三角“三省一市”财政厅(局)长联席会议机制，建立对标学习沪苏浙常态化机制，成功举办中部六省预算管理工作座谈会。健全财政支持长江经济带生态保护修复机制。争取获得中央专项财政政策资金支持，叠加省级政策资金，助力推进皖北振兴。省级拨付资金21.8亿元，支持江北、江南新兴产业集中区高质量发展，促进皖北承接产业转移示范区、南北合作共建园区发展，推进皖西大别山革命老区振兴发展。支持美丽乡村省级中心村建设，持续改善农村人居环境。

(六)更加注重改革发展增动力，加快建立现代财税体制

1.预算管理制度进一步规范。出台安徽省进一步深化预算管理制度改革实施方案。零基预算改革实质性推开。持续推进预算信息公开，省级397个部门所属单位首次公开预算，不断加强中期财政规划管理，连续六年省市县乡四级一体布置预算编制工作。有序推进预算管理一体化系统建设，安徽省建设进度位居全国前列。深入实施预算绩效管理，组织省直相关主管部门对85项改革政策实施预算绩效评估，对25个项目开展财政重点绩效评价。规范政府购买服务管理，修订公布省本级政府购买服务指导性目录。

2.财政体制和税制改革持续推进。落实增值税留抵退税政策，鼓励企业扩大再生产，省级垫付87亿元，缓解市县财政退税压力。基本完成省直党政机关和事业单位经营性国有资产集中统一监管改革，编制完成安徽省2020年度国有资产综合报告，积极推进建立省级政府公物仓，促进资产共享共用和调剂使用。落实税收法定原则，契税具体适用税率、城市维护建设税纳税人所在地等授权事项相关工作顺利完成。

3. 人大监督要求有效落实。支持加强省级预算联网监督系统建设，丰富省级监督内容，有序推动市县系统建设，定期向省人大推送财政政策、政府预算、部门预算、财政收支月报等信息。编制省级预算调整方案，依法提请省人大常委会审查和批准。继续按法定时限公开预算信息，公开重大政策、重点项目的绩效目标，主动接受社会监督。做好服务人大代表工作，保障人大代表对财政预算工作的知情权、参与权和监督权，高质量办理人大代表建议351件、政协委员提案180件。

4. 政府债务管理不断加强。严格执行地方政府债务预算管理相关规定，主动接受人大依法对地方政府债务"借、用、管、还"的全过程监督，常态化开展专项债项目评审工作，加快政府债券发行。完善债务常态化监控机制，强化政策协同，实施联合监管，政府隐性债务风险得到缓释。稳妥推进专项债券补充中小银行资本金工作，支持化解中小银行风险。

三、财政支出结构优化

（一）财政支出结构的概念与优化原则

财政支出结构指的是财政支出总量中各类支出的组合以及各类支出在支出总量中的比重，它在一定程度上反映了政府工作和政策的侧重点。通过安排和设置不同的财政支出结构，能直接或间接地影响社会供求、产业结构、基本公共服务等社会事业。由此可见，财政支出结构的优化对完善经济结构、协调经济社会发展具有重要意义，对财政支出结构优化的研究至关重要。

财政支出结构优化简单来说就是合理分配各项财政支出要素占财政支出总量的比例。财政支出应始终保持与政府的财力水平相适应，与经济发展阶段相适应。财政支出在满足整个社会公共需要时应有所侧重，在有着明确的主与次、重点与非重点的区分的基础上相互协调。财政支出结构应循序渐进地向着低投入、高产出的目标变动，向着经济、社会和生态环境效益的提高优化。

(二)优化财政支出结构的政策建议

通过对安徽省财政支出结构的分析发现,安徽省政府近年来不断加大对民生性问题的重视程度,对民生性支出的投入力度不断增强,体现了政府的社会职能。农林水支出作为乡村振兴战略的重要支出方向,2021年该项支出占财政总支出的比重在所有支出项目中排名第三,为12.42%。2019—2021年该项支出的增长率均为正数,但是变化幅度较大,三年的增长率分别为4.31、24.98和2.43,这说明支出稳定性有待进一步提高。除此之外,其他支出项目仍然有待优化,如科学技术支出和文化旅游体育与传媒支出占比相对较少。科学技术作为第一生产力,科技创新能力的提升对一个国家或地区的经济发展具有巨大的作用,而财政的科学技术支出为科技创新能力的提升提供了有力的支撑作用。而安徽省2019—2021年科学技术支出年均占比仅为5.18%,这说明科学技术支出力度有待提高。文化旅游体育与传媒支出是指政府反映在文物、文化、体育、新闻、出版和广播电视等方面的支出。该项支出与人民生活息息相关,是丰富人民群众精神世界的重要手段。而文化旅游体育与传媒支出不仅占比较低,2021年文化旅游体育与传媒支出甚至出现了负增长的情况,为-11.16%,这说明对文化旅游体育与传媒支出的关注度有待提升。

安徽省政府应该要正确处理改善民生与发展经济的关系,继续重视民生性问题,不仅要保障人民的物质生活,还要逐步提高对其精神生活的关注度,重视文化旅游体育与传媒支出,在物质世界和精神世界两方面体现对民生问题的关注度。经济发展方面,要打造服务型政府,为社会主体提供同等公平的发展环境。另外,还应该提高对科技创新的重视程度,增加核心技术竞争力。乡村振兴战略方面,应进一步提高相关支出的稳定性以促进农村产业发展。同时重视农村环境问题,从而保障乡村振兴战略的顺利实施以及共同富裕的持续推进。因此,下面为优化财政支出结构，打造服务型政府，推进共同富裕提供九点具体的政策建议。

1. 落实政府职能转变。优化安徽省财政支出结构，首先应贯彻落实政府职能转变。安徽省各级政府应将人民群众的需求作为政策制定和实际工作的立足点和出发点，正确处理改善民生与发展经济的关系。科学筹划财政资金配比，促进财政支出向民生领域倾斜。政府应减少直接干预经济的行为，逐步从盈利性和竞争性领域中退出，在履行经济职责过程中重点发挥资源配置和收入分配的作用，改变过去片面追求GDP增长的发展模式，转而为各类社会主体提供同等公平的服务环境。

2. 支持打造具有重要影响力的科技创新策源地。支持强化国家战略科技力量，进一步做好国家实验室服务保障。支持合肥综合性国家科学中心建设。支持强化科技成果转化应用，加大首台套、首批次、首版次示范应用和政府采购力度。支持推进科技领域“放管服”，给予科研单位和科研人员更多自主权。支持优化“揭榜挂帅”“定向委托”等攻关机制，拓展项目经费使用包干制试点。支持完善人才政策。

3. 支持打造具有重要影响力的新兴产业聚集地。支持实施二产“提质扩量增效”行动计划，提升制造业核心竞争力。支持培育专精特新企业。支持工业互联网发展。支持提速发展十大新兴产业。支持全面延展“双招双引”。支持实施三产“锻长补短”行动计划，加快构建现代服务产业体系。支持“数字江淮”建设。

4. 支持打造具有重要影响力的改革开放新高地。支持进一步激发市场主体活力，促进民营经济发展。支持深化“放管服”改革。强化公平竞争审查机制，进一步优化营商环境。支持推进“亩均论英雄”改革，深化要素市场化配置改革。支持大力推进中国（安徽）自由贸易试验区建设。支持扩大外贸市场，深化与“一带一路”国家经贸合作，发展跨境电子商务等外贸新业态新模式。

5. 支持打造具有重要影响力的经济社会发展全面绿色转型区。支持实施碳达峰行动。坚持绿水青山就是金山银山理念，支持深入打好污染防治攻坚战，加强生态系统保护修复，进一步改善生态环境质量。支持实施新一轮美丽长江(安徽)经济带提升工程。支持协同推进新安江—千岛湖生态保护补偿试验区建设。支持深入落实长江“十年禁渔”。

6.支持在高质量发展中促进共同富裕。坚持在发展中保障和改善民生,提升民生工程实施水平,创新民生工程建设模式。支持发展更加公平更高质量的教育,优化教育投入结构,推进教育高质量发展。支持提升就业和社会保障水平,做好高校毕业生、退役军人、农民工、残疾人等群体就业工作。支持深入推进健康安徽建设。支持新型城镇化建设,改造提升老旧小区。支持文化体育、新闻出版、广播影视、参事文史、档案方志、哲学社会科学等事业发展。

7.支持落实重大国家战略。支持实施长三角一体化发展和中部地区高质量发展战略。发挥长三角“三省一市”财政厅(局)长联席会议机制作用,推动合作事项落实。支持江北、江南新兴产业集中区创新发展。支持推进皖北振兴,加快推进皖北地区群众喝上引调水工程。进一步支持皖西大别山革命老区振兴发展。支持皖南地区文化旅游事业发展。支持积极实施扩大内需战略,促进消费扩容提质。

8.支持推进乡村全面振兴。支持实施一产“两强一增”行动计划,大力推进科技强农、机械强农,促进农民增收。支持深入实施乡村建设行动,深化农村人居环境整治。在全省所有产粮大县全面推开三大粮食作物完全成本保险和种植收入保险,保障国家粮食安全。支持发展壮大村级集体经济,落实村级组织运转经费保障机制,提升农村基层组织保障能力,完善农村公益事业财政奖补机制。

9.支持建设更高水平平安安徽。支持科学精准做好疫情防控工作。支持做好疫苗接种工作,构建更加牢固的全民免疫屏障。支持提升公共安全保障能力,加强应急管理工作。支持加强和创新社会治理,促进民族团结、宗教和睦。支持国防动员建设,推动军民融合深度发展。

第四节　特别篇·财政支出之乡村振兴战略

党的十九大报告中指出，农业农村农民问题是关系国计民生的根本性问题，必须始终把解决好“三农”问题作为全党工作的重中之重，实施乡村振兴战略。各级财政部门应围绕乡村振兴20字方针，坚持农业农村优先发展，构建完善的财政政策，确保对乡村振兴的财政投入，推进乡村治理体系和治理能力的现代化。不断完善乡村振兴投入的优先保障机制，坚持把乡村振兴及农业农村发展作为财政的优先保障领域。将财政支出更大力度地向乡村振兴倾斜，确保乡村振兴的财政投入力度持续增长。同时，加大对乡村振兴薄弱环节和重点领域的投入力度。财政支出继续加大对农业发展的支持力度，促进乡村振兴目标的实现。

一、2021年巩固拓展脱贫攻坚成果同乡村振兴有效衔接

习近平总书记对做好巩固拓展脱贫攻坚成果同乡村振兴有效衔接工作作出重要指示、提出明确要求。安徽省坚决落实习近平总书记重要讲话指示精神和党中央决策部署，把巩固拓展脱贫攻坚成果同乡村振兴有效衔接作为重大政治任务全力推进，认真落实“四个不摘”要求，接续推进联系帮扶、定点帮扶、驻村帮扶、县域结对帮扶、社会帮扶，大力实施“两强一增”行动计划（科技强农、机械强农，促进农民增收），扎实推进“五大振兴”。2021年，全省脱贫人口人均纯收入达到13618元、增长16.8%，高出全省农民收入水平6个百分点以上，守住了不发生规模性返贫底线，农村改革发展稳定各项事业取得新进展。

（一）抓监测帮扶，全力巩固脱贫成果

持续巩固“三保障一安全”成果。全面落实好教育、医疗、住房、饮水等民生保障普惠性政策，对脱贫人口继续跟踪帮扶。持续开展监测对象

动态管理。建立健全县乡村组“四级网格”，组建基层网格，遴选网格员；新识别监测对象落实“一户一方案、一人一措施”，户均享受帮扶措施4条。持续抓好低收入人口帮扶。聚焦农村低保对象、特困人员、易返贫致贫人口以及突发严重困难户等4类低收入人口，分类精准施策，强化兜底保障。

（二）抓产业就业，全力促进持续增收

加强产业帮扶，产业项目覆盖全省166.29万户脱贫户，占比72.82%，户均项目1.62；脱贫地区建成达标农业特色产业园区数、农业经营主体带动脱贫户数、发展自种自养且达标脱贫户数均达年度任务数120%以上。加强就业帮扶，全省脱贫劳动力返岗复工183.86万人，比2020年底增长2.8个百分点。加强金融帮扶，深化“防贫保”综合保险试点，全国金融支持乡村振兴培训班在定远县成功举办。加强消费帮扶，今年全省新认定消费帮扶重点产品3723个，累计认定18514个，累计销售消费帮扶重点产品349.54亿元。

（三）抓社会帮扶，全力推动措施落地

深化定点帮扶，制定善帮扶考评办法，优化领导联系帮扶机制，全省各级帮扶单位直接投入3.73亿元，帮助引进各类资金8.22亿元。深化县域结对帮扶，帮扶累计支持财政资金3.39亿元，安排帮扶项目220个。深化“万企兴万村”行动，引导广大民营企业、商协会等持续开展村企结对共建，助推“五大”振兴。

（四）抓资金项目，全力提升质量进度

2021年省级共安排财政衔接资金32.32亿元，与2020年持平。截至10月底，已落实各级衔接资金163.85亿元，完成支出140.97亿元，支出进

度86%，高于全国平均水平10个百分点。制定全面加强扶贫项目资产后续管理办法，开展专题督导调研。2021年，将原财政专项扶贫资金调整为衔接推进乡村振兴补助资金，全省各级财政投入166.7亿元，比上年增长2.8%。切块安排新增地方一般债券资金31亿元，支持脱贫地区农村基础设施建设。继续在原国家级贫困县开展涉农资金整合试点，整合资金92.4亿元。

（五）抓有效衔接，全力实现平稳过渡

加强政策衔接，对标国家出台各项衔接政策，省级配套出台政策文件34个。加强工作衔接，积极对接农村厕所革命和乡村建设行动有关工作，会同省农业农村厅召开视频调度会，配合做好农村户厕摸排整改及2022年改厕计划、整村推进计划汇总报审等工作；会同相关部门研究制定全省乡村建设行动实施方案。加强责任衔接，坚持严的总基调不变，将巩固成果情况列入省政府目标绩效考核、乡村振兴实绩考核的重要内容。

（六）抓责任落实，全力做好调度推进

组织暗访调研。组建10个暗访调研组，分两批对全省104个县（市、区）及淮南市毛集区开展巩固拓展脱贫攻坚成果暗访调研，查找薄弱环节和短板弱项，及时梳理反馈问题，督促限时整改到位。加强集中调度。两次召开全省乡村振兴局局长工作会议，三次分领域开展全省乡村振兴系统视频培训，举办第一期乡村振兴专题轮训班并作专门强调，切实做好政策解读、问题通报、调度推进。开展分片调度。四位局班子成员分赴16个市，召开巩固拓展脱贫攻坚成果同乡村振兴有效衔接专题调度座谈会，并开展实地督导调研，持续压紧压实市县工作责任。

二、2022年乡村振兴战略工作规划

2022年2月22日，2022年中央一号文件发布，这是21世纪以来第19个指导“三农”工作的中央一号文件。文件要求牢牢守住保障国家粮食安全和不发生规模性返贫两条底线，突出年度性任务、针对性举措、实效性导向，充分发挥农村基层党组织领导作用，扎实有序做好乡村发展、乡村建设、乡村治理重点工作，推动乡村振兴取得新进展、农业农村现代化迈出新步伐。这是安徽省加快乡村全面振兴必须贯彻落实的纲领性文件。

（一）守牢粮食安全底线，强化现代农业基础支撑

严格落实粮食安全党政同责，主动扛稳粮食安全政治责任，立足“稳产量、提品质、增效益”工作思路，加快实施“两强一增”行动，不断提升保障粮食安全的能力和水平。丰产稳产，夯实现代农业基础支撑，加快农业转型升级。大力推进种源等农业关键核心技术攻关，全面实施种业振兴行动方案。把贯彻落实中央一号文件精神和加快实施“两强一增”行动结合起来，2022年在科技强农方面重点实施农业“四新”科技成果转化行动等六大行动；在机械强农方面重点开展优势产业集群壮大行动等六大行动，力争到2025年农业科技进步贡献率提高到67.5%，主要农作物耕种收综合机械化率达85%。

（二）坚决守住防返贫底线，促进乡村产业发展

针对农村低收入人口，及时开展针对性救助帮扶，切实做到凡困必帮、应救必救、应保尽保、应兜尽兜，坚决守住不发生规模性返贫底线。进一步巩固拓展脱贫攻坚成果，保持政策总体稳定，健全防止返贫动态监测和帮扶机制，持续巩固提升“三保障”和饮水安全成果，强化易地搬迁后续扶持，加强扶贫项目资金资产管理，提升社会帮扶水平，把来之不易的脱

贫成果巩固住、拓展好。在做强现代种养业、提升农产品加工流通业、做精乡土特色产业、优化乡村休闲旅游业、培育乡村新型服务业、发展乡村信息产业等方面发力，推进乡村产业全产业链高质量发展。到2025年，全省乡村产业总产值将达到2.8万亿元。

（三）为农民而建，让美丽家园更宜居

大力推动美丽乡村中心村建设。接续实施农村人居环境整治提升五年行动。要从农民实际需求出发推进农村改厕，要分区分类推进农村生活污水治理，优先治理人口集中村庄，不适宜集中处理的推进小型化生态化治理和污水资源化利用。各地要把农村人居环境整治工作做得更细致，符合基层实际，分类推进、分类施策，坚决杜绝形式主义，确保把民生事办得更合民心民意。2020年新创建16个粪污资源化利用和长效管护机制示范县，引导和推广通过政府购买服务等方式，建立政府引导、村级组织和农民参与、市场运作三者相结合的改厕后续管护机制。到2025年，安徽省将以农村厕所革命、生活垃圾治理、污水治理、村容村貌提升为主攻方向，努力实现美丽乡村“441”建设目标，即建设4000个左右美丽乡村中心村、40000个左右美丽宜居自然村庄，提升1000个左右乡镇政府驻地建成区建设水平，服务功能向周边村庄延伸，力争实现美丽乡村建设覆盖直接受益人口占全省农村常住人口40%左右。

第五节　2022年财政支出形势及政策前瞻

一、2022年财政支出形势

当前，安徽经济仍面临着下滑压力，财政收入中低速增长常态化，促改革、惠民生等各项刚性支出压力持续攀升，面对新一阶段的财税制度，预计2022年的财政收支赤字现象会更加严峻，财政形势不容乐观。

（一）2022年新要求

2022年是党的二十大召开之年，也是全面落实省第十一次党代会精神、加快建设现代化美好安徽的重要一年，做好财政工作意义重大。要坚持稳字当头、稳中求进，忠诚尽职、奋勇争先，落实过紧日子要求，坚持积极的财政政策提升效能，更加注重精准、可持续，保证支出强度，加快支出进度，健全现代财税体制，为加快打造“三地一区”、建设现代化美好安徽作出财政贡献，以优异成绩迎接党的二十大胜利召开。2022年，要围绕“七大政策”落地，发挥财政职能作用，聚焦以下十项工作重点发力：

1. 做大做优财政蛋糕。加强财源建设，支持推动项目、企业、人才和资本落地，支持做强园区经济，做大税源、做强税基、做优税质，强化税收运行监测，推动减税降费政策红利落地，努力实现财政收入量的合理增长和质的稳步提升。

2. 抓实政府债务管理。管好用好专项债券资金，综合考虑项目资金需求、项目成熟度和集中度、债务风险、债券支出进度等因素进行分配，依法合规使用，持续防范化解政府债务风险，完善监管机制、确保到期偿还。

3. 严格落实财会监督主责。加强财会专项监督，在收入预算、支出预算、国库等管理领域开展财经秩序专项整治行动，推动重大财税政策落实，加强会计评估机构监督和会计信息质量检查，启动高端会计（后备）人才培养，选优配强会计管理人员力量，夯实财政财务人才基础。

4. 加强战略科技力量财政支撑。坚持科技创新是第一动力，支持以需求为牵引、产业化为目的、企业为主体抓好科技创新，完善财政科技经费管理，优化支出结构，突出支出重点，加大基础研究支持力度，强化关键核心技术攻关资金保障，引导和支持更多创新成果转化为现实生产力。

5. 完善财政支持战略性新兴产业发展投入机制。聚焦十大新兴产业“双招双引”，在预算安排上更加突出市场化，在投入方式上更加突出资本化，在管理模式上更加突出平台化，强化财政政策与金融、就业、产业、人才等政策系统集成，采取“基金+资金”、“基金+平台”、贷款贴息等方式，发挥财政资金撬动作用，为经济发展吸引和积聚更多资源要素支撑。

6. 完善财政区域政策体系。强化区域协调共进共赢，聚焦实施“两强一增”行动计划，接续推进巩固拓展脱贫攻坚成果同乡村振兴有效衔接，聚焦长三角一体化、皖北振兴等，加大财政资金政策倾斜，建立健全激励约束机制，激发内生发展动力，加快缩小区域发展差距。

7. 抓好民生大事和关键小事保障。创新民生工程建设模式，探索建立“10+10”项目选择机制，持续攻坚教育难题，突出教育优先发展地位，落实“两个只增不减”要求，推动教育经费投入与经济社会发展和财力水平相匹配，聚力支持“皖北地区群众喝上引调水工程”和生态文明建设。

8. 深化财政重点改革。持续深化预算管理制度改革，加快建立现代财税体制，以零基预算改革为龙头，推进财政事权和支出责任、绩效管理等改革，加强国有资产管理改革，着力在国有金融资本监管改革上取得突破。

9. 着力拉高“参照系”争位晋级。在财政重点工作上，上下一盘棋，积极争先进位，敢与先进比高下，把“争”的参照系定得更高些，把“进”的目标定得更远些，进一步擦亮财政亮点工作，提升财政作用能级，让标兵越来越近、追兵越来越远。

10. 打造充满生机活力的财政队伍。弘扬伟大建党精神，全面贯彻新时代党的建设总要求，深入践行新时代党的组织路线，推动党的建设高质量发展，健全引导财政干部奋发有为“在状态”机制，奋力打造出色、出彩、出众的财政干部队伍。

（二）做好财政节支工作，缓解收支矛盾

目前，全国财政整体上面临减收增支压力，财政收支矛盾持续凸显。2022年要做好财政节支工作，缓解收支矛盾。一是要坚持加强统筹，强化重点领域保障。加强财政资源统筹，积极运用零基预算理念，打破基数概念和支出固化格局，进一步优化支出重点和结构，集中财力办大事，切实

增强重大战略任务财力保障。坚持防范风险，确保预算平衡可持续。二是要坚持统筹发展和安全，增强风险意识，树立底线思维，积极化解财政收支矛盾，切实兜牢“三保”底线，加强政府性债务管理，运用好逆周期调节机制，努力实现财政可持续发展。三是要坚持勤俭节约，落实过紧日子要求。坚持为民理财，各项支出精打细算，尽力而为、量力而行，节俭办一切事业，压减非刚性、非重点支出，严控新增支出，把有限的财政资金重点用于改善基本民生，推动提升人民生活质量和社会共享水平。四是坚持创新方式，提高资金使用效率。注重有效市场和有为财政更好结合，发挥财政资金放大效应，推动财政资金市场化运作，引导撬动更多金融资本、社会资本投入，着力实现财政资金效益最大化和效率最优化。

（三）坚持以人民为中心，保重点促民生

2021年，财政安排更加注重以人为本保民生，深入贯彻以人民为中心的发展思想，坚持“小财政办大民生”，用政府的“紧日子”换来群众的“好日子”，不断增进民生福祉，全力保障教育、社会保障和就业、卫生健康、交通运输、住房保障等重点民生领域支出需要。各级财政累计拨付资金1288亿元，33项民生工程目标任务全面完成。完成农村危房改造7062户，改造棚户区15.6万套、老旧小区1341个，村级综合文化服务中心覆盖率超98%。另外，财政支持重点群体就业创业，稳定提供公益性岗位5.5万个，脱贫人口务工就业187万人。社会保障体系不断完善，420万孤老残幼等困难群体基本生活得到保障。2022年，要继续加强财政支出管理，加大支出结构调整力度，继续做好“六稳”“六保”工作，坚持在发展中保障和改善民生，提升民生工程实施水平，创新民生工程建设模式。要始终坚持以人民为中心，围绕推动共同富裕，强化公共财政属性，优化财政民生投入结构，注重普惠性、基础性、兜底性，对国家出台的统一民生政策做到应保尽保、全面落实，更加有效保障民生，逐步提高保障和改善民生水平，助力百姓过好日子。

二、2022年财政政策前瞻

2022年要稳字当头，稳中求进，即继续落实积极的财政政策，但要提升效能，更加注重精准、可持续。安徽省各级政府要重点做好六个方面工作。

（一）落实积极的财政政策

落实国家新的减税降费政策，积极支持中小微企业、个体工商户和制造业等重点行业，同时，落实已经出台的各项减税、缓税和降费政策。进一步做好财政资金直达机制工作，更好发挥惠企利民实效。管好用好专项债券资金，优化债券使用方向，重点支持在建项目后续融资；按照“资金跟着项目走”的原则，做深做细项目储备，合理加快使用进度，确保债券资金尽快形成实物工作量，更好发挥对投资的拉动作用。

（二）切实增强重大战略任务财力保障

进一步加强财政资源统筹，盘活资金资产资源，强化部门收入统一管理。强化财政政策与金融、就业、产业、人才等政策系统集成，不断提升财政政策效能。支出预算有保有压、突出重点，大力优化支出结构，用好存量和增量财政资金，从严控制一般性支出，加大重点领域投入，提高财政资源配置效率。全面推进零基预算改革，打破支出固化格局，推进财政政策资金向省委、省政府重大部署聚焦。

（三）深化财税体制改革

落实安徽省进一步深化预算管理制度改革实施方案，推动配套制度建设。加快财政支出进度，加强重点支出保障。发挥财政资金撬动放大效应，加强与金融资本结合，综合运用政府引导基金、财政贴息、融资担保等方式，积极支持制造业、战略性新兴产业发展。加快实施国有金融资本管理改革，落实财政部门履行出资人职责。强化国有资产管理，开展全省行政事业单位国有闲置、低效资产资源清查处理工作，推进历史遗留问题解决。按照国家部署要求，推进省以下重点领域财政事权和支出责任划分改革，落实省以下增值税留抵退税分担机制。

（四）推动预算绩效管理提质增效

持续推进预算和绩效管理一体化，将绩效理念和方法深度融入预算编制、执行和监督全过程，督促市县加快建设全方位、全过程、全覆盖预算绩效管理体系。强化绩效评价结果刚性约束，健全绩效评价结果反馈制度和绩效问题整改责任制，将绩效评价结果与完善政策、调整预算安排有机衔接。

（五）防范化解政府债务风险

增强风险意识，注重防患未然，坚决遏制隐性债务增量。严格落实专项债券投向领域禁止类项目清单和违规使用专项债券处罚机制，切实推进专项债券规范使用。依法落实法定债务偿还责任，推进专项债券项目穿透式监测，加强全口径政府债务监测管理。落实专项债券项目资金绩效管理要求，推动所有专项债券项目实现绩效自评全覆盖。

（六）着力提升履职尽责能力水平

强化政治担当，弘扬伟大建党精神，不断提高政治判断力、政治领悟力、政治执行力。加强财政经济分析，增强财政干部专业化能力和素质。坚持清廉有为、勤政为民，强化创新意识、开放思维、改革精神，切实改进工作作风。

第三章　安徽省PPP模式发展现状及前景分析

2021年是我国“十四五”规划的开局之年，也是党和国家历史上具有里程碑意义的一年，这一年我国如期全面建成小康社会、实现第一个百年奋斗目标，开启全面建设社会主义现代化国家、向第二个百年奋斗目标进军新征程。一年来，面对复杂严峻的国内外形势和诸多风险挑战，我国经济保持恢复发展，生态文明建设持续推进。目前，我国经济已由高速增长阶段转向高质量发展阶段，正在形成以国内大循环为主体、国内国际双循环相互促进的新发展格局，处在转变发展方式、优化经济结构、转换增长动力的重要时期。“十三五”期间，PPP模式深入融合到交通、农业、医疗、环境保护、“两新一重”等领域的改革创新与发展建设中，成为推动公共服务供给侧结构性改革，推进国家治理体系和治理能力现代化的重要手段。安徽省PPP模式的推广应用，是对十八届三中全会中“允许社会资本通过特许经营等方式参与城市基础设施投资和运营”精神的深入贯彻，是对党的十九大报告中“坚定不移贯彻创新、协调、绿色、开放、共享的新发展理念”的坚定落实，是对“十四五”规划中“激发各类市场主体活力”要求的努力践行，是对2021年安徽省政府工作报告中“深化重点改革，激发市场主体活力”的有力推进。在当前新冠肺炎疫情冲击以及经济下行压力下，PPP模式是政府提供公共基础设施、改进公共服务的重要举措，也是建立现代财政制度的内在要求。

PPP模式以公平、公开、公正原则为基础，在契约精神和法律保护下，促进社会资本尤其是民营资本与公共资源进行结合，属于一种基础设施和公共服务领域的供给模式。作为长期的制度性安排，PPP模式具有全程合作、利益共享、风险共担的特征，在引入社会力量参与公共基础设施和公共服务供给，提升供给质量和效率方面发挥着重要作用。PPP模式是地方政府相关部门稳增长、促改革、强基础、调结构、惠民生的重要措施，是全面深化财税体制改革的重要内容，是全面做好“六稳”工作的重要工具。推广和运用PPP模式是深化财税体制改革、构建现代财政制度的重要内容，对于推进政府治理体系和治理能力现代化、提高公共服务质量、统筹发展资源、激发创新活力具有重大意义。党的十八大以来，PPP模式在我国公共基础设施建设与服务领域取得了令世界瞩目的发展成就，在助力脱贫攻坚和乡村振兴、支持绿色低碳发展、服务“两新一重”国家重大战略、防范化解财政风险等方面成效显著。

2021年，我国经济尚处于突发疫情等严重冲击后的恢复发展过程中，面对复杂多变的国内外形势，经济保持平稳运行的难度加大。2021年3月5日，李克强总理作政府工作报告，强调“深入推进重点领域改革，更大激发市场主体活力”，要求“进一步转变政府职能。充分发挥市场在资源配置中的决定性作用，更好发挥政府作用，推动有效市场和有为政府更好结合”。2021年安徽省政府工作报告中提出在“十四五”开局之年，要多措并举活跃市场主体，促进经济平稳健康发展。随着稳投资任务的加重，重大项目建设进度持续加速，PPP模式作为一种以市场化机制更好运营项目，促进公共基础设施和服务项目供给的重要投融资模式，为社会资本参与公共基础设施建设与服务提供了良好的契机，在扩大有效投资、提振内需等方面起到了至关重要的作用。2022年3月29日，国家发改委发布《进一步做好社会资本投融资合作对接有关工作》,其中明确要求"优先支持具备持续盈利能力的存量项目开展政府和社会资本合作(PPP),发挥社会资本专业优势,提升项目运营效率"。近年来,安徽省坚定不移地推广和应用PPP模式,使得PPP模式深入融合到环境保护、交通、农业、能源、医疗、养老等领域的改革创新与发展建设中。PPP模式在安徽省全面推进现代化的进程中起着举足轻重的作用,对其发展现状、相关政策以及应用前景展开深入分析是服务于安徽省深化经济体制改革与转变政府职能的双重需要,有利于推动安徽省治理体系与治理能力向现代化不断迈进。

第一节　PPP模式发展状况分析

2021年,安徽省深入贯彻新发展理念,以PPP模式为重要抓手,拉动基建投资、推动协调发展,引领财政资金提质增效,为重大决策部署提供坚强保障。随着安徽省城镇化水平显著提高、供给侧结构性改革持续发力以及财政支出结构不断优化,PPP模式在有效调动政府和市场的双重积极性以及提升公共产品和服务供给效率中都发挥着愈发突出的作用。2021年以来,在安徽省财政厅和省发展和改革委员会的大力推广下,安徽省PPP项目数量和投资呈逐渐上升趋势,在高质量规范发展阶段平稳推进。2021年8月,安徽省财政厅印发《关于进一步加强政府和社会资本合作(PPP)项目绩效管理的通知》,进一步规范PPP项目全生命周期绩效管理工作,加力推进PPP项目绩效评价制度落地见效。在这一发展阶段,示范项目依旧起着显著的引领作用,带动了安徽省PPP模式的全面有序实施。鉴于财政部政府和社会资本合作中心"PPP综合信息平台收录管理库项目"的政策导向性和典型性,能基本反映和代表安徽省PPP模式的性质和特征,故本节以其所涉项目为主要研究对象。

一、PPP项目总数、签约落地率以及建设开工率情况分析

2014年以来,PPP模式在安徽省多个公共服务领域逐渐得到深入应

用，项目投资规模总体呈逐年递增趋势，PPP模式在全省的推广取得显著效果。2021年，安徽省政府和社会资本合作（PPP）项目规范安全高效发展取得新进展，进一步发挥稳增长、惠民生、补短板作用，助力科技创新、乡村振兴、绿色发展、“两新一重”、民生服务等重点领域发展。根据财政部《全国PPP综合信息平台项目管理库项目2021年年报》，截至2021年12月末，全国PPP综合信息平台收录管理库项目累计入库项目10243个，投资额16.2万亿元，比2020年末累计投资额增加8198亿元，连续三年增长5%以上。其中，累计签约落地项目7683个，累计建设开工项目4804个，签约落地率（签约项目投资额占在库项目总投资额的比例）78.8%、建设开工率（开工建设项目投资额占在库项目总投资额的比例）47.2%。

同期，截至2021年12月末，安徽省纳入管理库项目共计488个，居全国第八，管理库项目投资额5658亿元，居全国第十三；累计签约落地项目数437个，居全国第六；累计签约落地项目投资额4932亿元，居全国第十二；签约落地率87.2%，高于全国平均签约落地率8.4%，居全国第九；累计开工建设项目数359个，居全国第三，建设开工率70.7%，高于全国平均建设开工率23.5%，仅次于四川省居全国第二，PPP项目签约落地数以及建设开工数在全国均名列前茅（如表3-1所示）。在国家示范项目建设方面，安徽省国家示范项目四批次共53个项目，总投资871亿元，落地率100%。安徽省PPP投资已然成为安徽省供给侧结构性改革的重要抓手，也是激发各类市场主体活力的重要方式。

表3-1　2021年末各地入库项目、投资额、落地项目及签约落地率

省（市、自治区）	入库项目/个	投资金额/亿元	落地项目/个	签约落地率/%
北京市	77	2447	71	98.2
湖南省	363	5424	326	97.3
吉林省	165	3268	123	92.9
福建省	368	3636	325	90.3
浙江省	513	10172	451	90.3

续　表

省(市、自治区)	入库项目/个	投资金额/亿元	落地项目/个	签约落地率/%
宁夏回族自治区	47	879	39	90.0
新疆维吾尔自治区	403	6310	358	87.7
安徽省	488	5658	437	87.2
江苏省	392	7793	325	87.2
天津市	71	3307	58	86.9
云南省	485	13143	380	84.4
广东省	560	6493	468	84.2
内蒙古自治区	274	2428	221	83.1
江西省	495	4436	414	82.1
贵州省	576	12531	342	79.9
河北省	458	7158	354	78.0
陕西省	275	4221	205	78.0
四川省	560	11520	452	77.5
甘肃省	148	3459	113	76.5
青海省	42	659	29	76.2
山东省	768	8374	603	74.8
湖北省	436	7232	290	74.4
黑龙江省	127	1407	81	73.9
河南省	841	10577	531	73.3
上海市	7	30	3	66.0
海南省	98	767	79	65.4
重庆市	75	3530	45	65.3
辽宁省	280	2802	112	58.2
山西省	447	5236	224	50.3
广西壮族自治区	379	6929	214	47.4

资料来源:根据财政部《全国PPP综合信息平台管理库项目2021年年报》有关数据整理。

二、PPP项目地域分布及运行阶段分析

1. 各地积极开展PPP项目。从市级层面的项目数量分布来看，安徽省各市均有PPP项目分布，但由于各市的经济状况和社会环境有所不同，PPP项目在数量和投资额上存在较大差异（如图3-1所示）。从项目数量分布来看，阜阳市以62项居于首位，安庆市以50项居第二位，宿州市和六安市以41项居第三位。从项目投资额分布来看（如图3-2所示），阜阳市以672亿元投资额位居全省第一，合肥市以491亿元投资额位居第二，亳州市、安庆市分别以467亿元、456亿元投资额紧随其后，淮北市、池州市、黄山市项目投资额较低，在全省属于倒数行列。PPP项目的责任主体在地方，绝大多数PPP项目由市、县级政府决策、落实，地方政府负主体责任。项目的顺利实施，能进一步推动当地政府职能转变，提升公共服务的质量和效率，支持地方经济社会发展，增强人民群众的获得感。

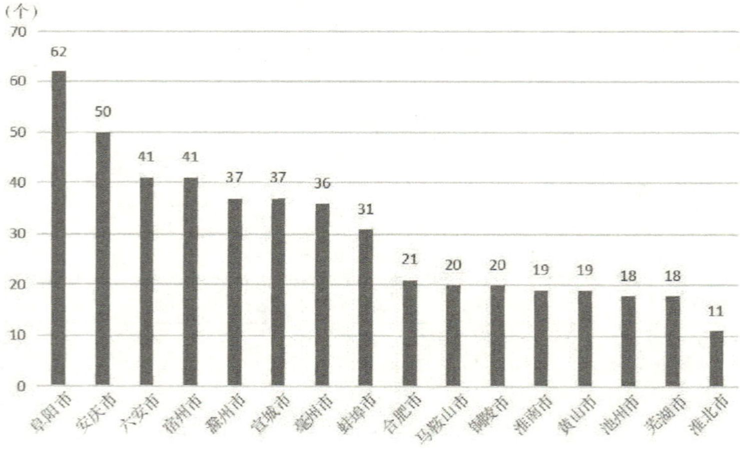

图3-1　安徽省PPP模式项目数量各地区分布

资料来源：安徽省财政厅《安徽省PPP综合信息平台管理库项目2021年度基本情况通报》。

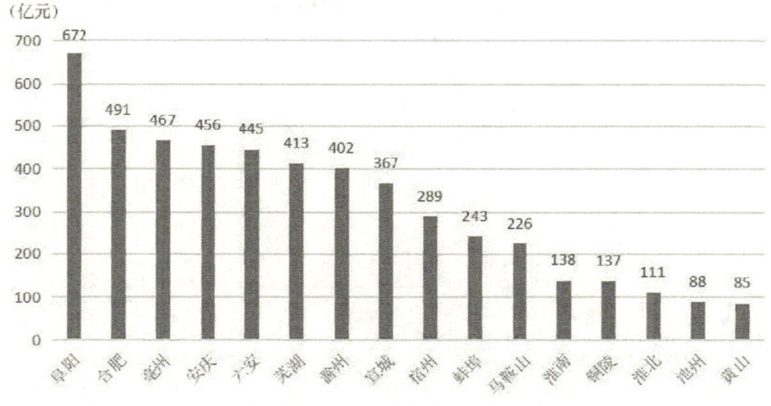

图3-2　安徽省PPP模式项目各地区投资额

资料来源：安徽省财政厅《安徽省PPP综合信息平台管理库项目2021年度基本情况通报》。

2. 执行阶段项目数量稳中有升，落地率进一步提高。因退库项目影响和新入库项目推进进度原因，2021年第四季度安徽省执行阶段项目数量较第三季度略有下降，但综合四个季度来看，执行阶段项目数量稳中有升。2021年末安徽省累计PPP项目由2020年末的481个增加到488个，呈小幅上升趋势。如表3-2和图3-3所示，截至2021年末，安徽省PPP项目库中，处于项目准备、采购、执行阶段的项目数分别为12个、39个和437个，投资额分别为120.1亿元、605.9亿元和4932.0亿元，处于执行阶段的项目数量占安徽省所有入库项目数量的89.55%。相比2020年末，安徽省项目库中处于执行阶段的项目增加10个。此外，安徽省一直严格按照《关于规范政府和社会资本合作（PPP）综合信息平台项目库管理的通知》（财金〔2017〕92号）、《关于进一步规范全国PPP综合信息平台项目信息管理工作的通知》（财政企函〔2018〕2号）以及《关于推进政府和社会资本合作规范发展的实施意见》（财金〔2019〕10号）精神要求，对照项目合规性负面清单进一步加强入库审核，持续清理不合规项目，确保PPP项目能够规范化持续健康运行，更好发挥其在深化供给侧结构性改革中的重要作用。

表3-2　2021年各季度阶段情况对比表

日期	入库总数	准备阶段		采购阶段		执行阶段	
		个数	金额/亿元	个数	金额/亿元	个数	金额/亿元
2021年3月底	484	28	328.1	27	126.4	429	4781.4
2021年6月底	485	20	323.6	30	129.0	435	4912.4
2021年9月底	489	16	129.4	35	433.6	438	4938.0
2021年12月底	488	12	120.1	39	605.9	437	4932.0

资料来源：根据安徽省财政厅《安徽省PPP综合信息平台管理库项目2021年度基本情况通报》有关数据整理。

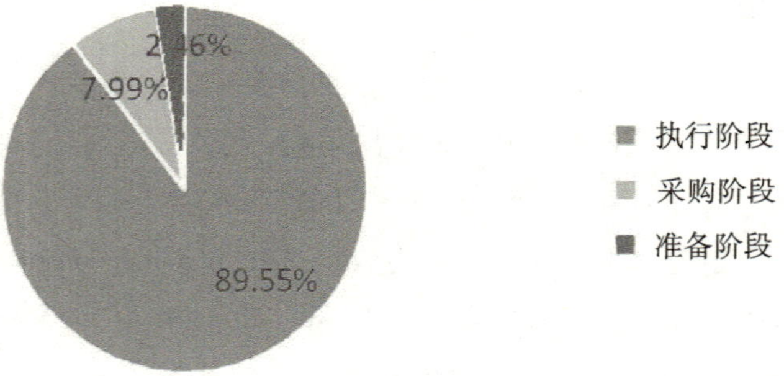

图3-3　安徽省PPP项目运行阶段分布情况

资料来源：安徽省财政厅《安徽省PPP综合信息平台管理库项目2021年度基本情况通报》

3. PPP项目签约落地率较高。截至2021年12月末，安徽省PPP项目落地数为437个，投资额4932亿元，签约落地率87.2%。如图3-4所示，安徽省落地项目数居前3名的是阜阳市、安庆市、六安市，分别为55个、44个、36个，合计占落地项目总数的30.89%。就签约落地率而言，淮南市以100%的落地率居第一，合肥市、池州市分别以99.8%和99.3%的落地率紧随其后，除六安市、宿州市、马鞍山市、宣城市外，其余各市落地率均高于全省平均签约落地率87.2%，其中马鞍山市和宣城市的落地率分别为58.1%和56.4%，项目落地水平较低。PPP项目成功落地，具有很强的现实意义，对于缓解地方政府财政投资压力、提高公共产品和服务质量起着重要作用。总体来看，安徽省八成以上地市签约落地率高于全国平均签约落地率78.8%，项目落地情况较为乐观。

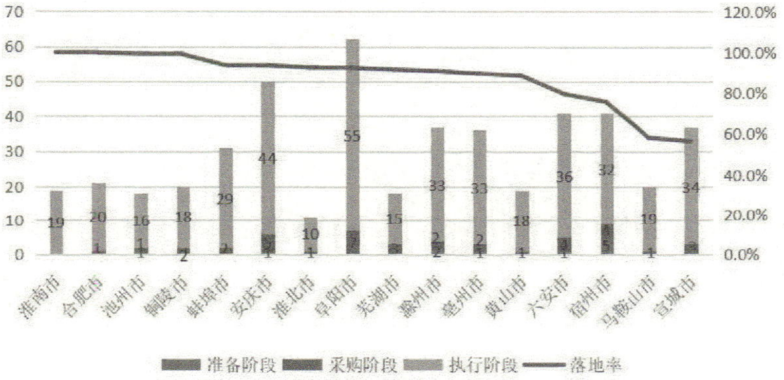

图3-4　安徽省2021年按市统计各阶段项目数量及落地率

资料来源：根据财政部政府和社会资本合作中心及安徽省财政厅《安徽省PPP综合信息平台管理库项目2021年度基本情况通报》有关数据整理。

4. PPP项目建设开工率高。截至2021年12月末，安徽省PPP项目开工数为359个，投资额4002亿元，建设开工率达70.7%，居全国第二。如图3-5所示，开工项目数居前4名的是阜阳市41个、六安市35个，亳州市、宣城市均为30个，合计占开工项目数的37.88%，芜湖市、淮北市开工项目数较低。建设开工率最高的三个市分别是合肥市、淮北市、铜陵市，开工率分别为99.5%、89.2%以及82.8%。另外，淮南市和亳州市建设开工率也高于80%，而马鞍山市和宣城市开工率分别仅为44.8%、43.6%，居全省末位。全省各市开工率差异较大，但除宣城市与马鞍山市外，其他各市开工率均高于全国平均水平47.2%，总体开工情况较好。

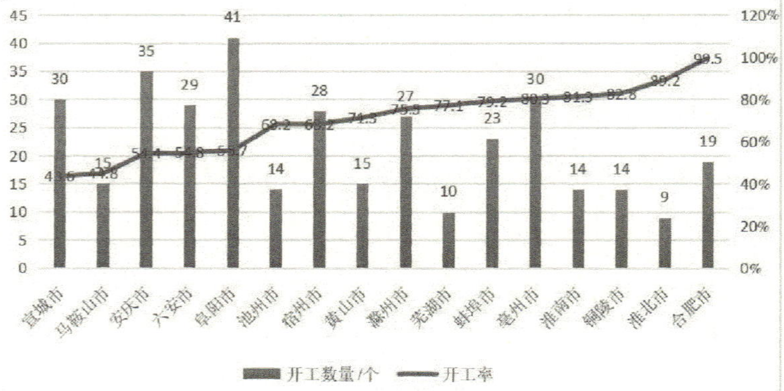

图 3–5　安徽省按市统计开工项目个数和开工率

资料来源：安徽省财政厅《安徽省 PPP 综合信息平台管理库项目 2021 年度基本情况通报》。

三、PPP国家级示范项目分布情况

国家级示范项目在安徽省PPP项目中起着引领作用，对示范项目的经验总结有着重要意义，截至2021年12月末，安徽省国家级示范项目共计53个，占项目总数的10.8%。由图3-6所示，安徽省各市均有国家级示范项目，但示范项目的数量及投资额分布差异较大。就项目数量分布而言，阜阳市、安庆市各有7个国家级示范项目并列全省第一，宣城市、池州市各有6个紧随其后，滁州市仅1个国家级示范项目。就项目投资额分布而言，阜阳市以191亿元投资额位居全省第一，芜湖市虽然只有两个示范项目，但投资额高达154亿元，位居全省第二，淮南市、黄山市、铜陵市、宿州市示范项目投资额较低。国家级示范项目的持续高效运行对于其他PPP项目的发展有着重要借鉴意义，安徽省要持续关注示范项目的运行情况。

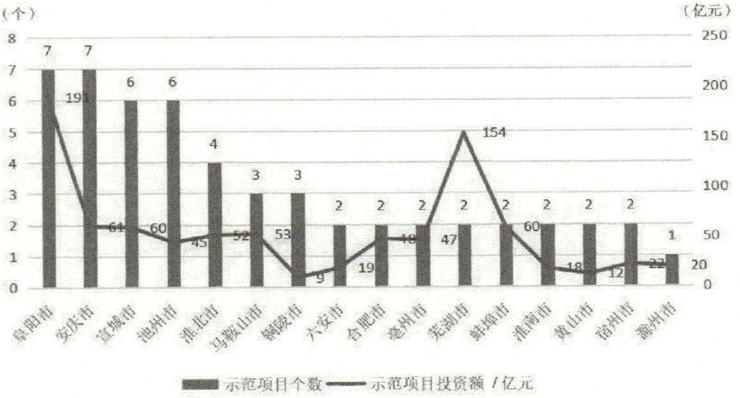

图3-6　安徽省PPP国家级示范项目数目及投资额分布

资料来源:根据安徽省财政厅和财政部政府和社会资本合作中心有关数据整理。

四、PPP项目分布领域分析

PPP综合信息平台项目库中包括交通运输、水利建设、生态建设和环境保护、市政工程、城镇综合开发、能源、农业、林业、科技、保障性安居工程、旅游、医疗卫生、养老、教育、文化、体育、社会保障、政府基础设施和其他19个一级行业。安徽省纳入财政部PPP综合信息平台管理库项目涉及除社会保障外的市政工程、生态环境保护、交通运输、城镇综合开发等18个行业领域,如图3-7所示。

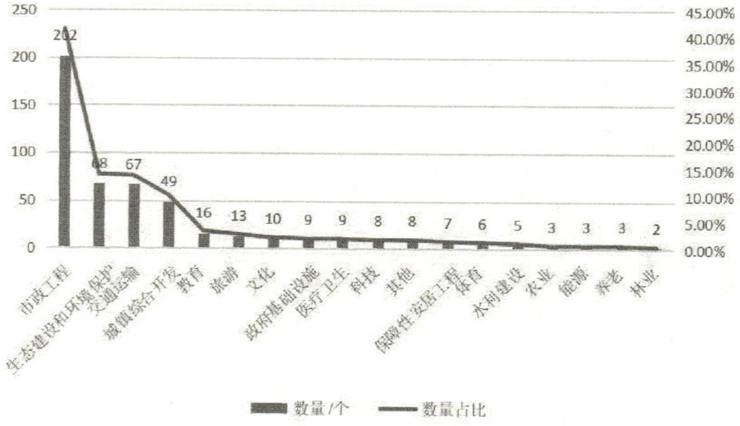

图3-7　安徽省PPP项目分布领域及所占比重

资料来源：安徽省财政厅《安徽省PPP综合信息平台管理库项目2021年度基本情况通报》。

安徽省PPP项目行业集中度较高，与全国总体行业分布相一致。从项目数量来看，市政工程202个、生态建设和环境保护68个、交通运输67个，位居安徽省PPP项目数量前三名，分别占PPP项目总数的41.39%、13.93%、13.73%，合计占安徽省PPP项目总数的69.06%。能源、农业、养老项目均为3个，林业项目只有2个，占比较小。随着安徽省城镇化的快速发展，市政工程类PPP项目的市场需求持续加大，市政工程类项目主要涵盖污水处理、市政道路、管网、垃圾处理、供水、供热、轨道交通、停车场、排水、海绵城市、景观绿化、供气、公园、公交以及其他15类，对于安徽省的发展起着至关重要的作用。生态建设和环境保护类项目近年来持续上升，充分说明安徽省在环境治理方面的重视与决心，此类项目主要包含垃圾整治和污水治理，根据国家政策要求，此类项目接下来仍有很大发展空间。交通运输类项目数量占项目总数的13.73%，可见作为基础性和先导性的交通运输业，虽经过多年的改革和投资，基本状况有了极大的改观，但市场需求仍然较大，尤其是"十三五"时期是全省高速公路加速成网的关键时期，公路建设任务重，时间紧，压力大，相应的投资也不断地加强。

同时，教育、科技、文化等领域PPP项目数量虽然相较2020年末有所增长，但占比依旧较低，蕴含着广阔的发展前景与巨大的发展潜力。

五、PPP项目采购社会资本方式选择分析

对于政府方而言，合适的社会资本合作伙伴是PPP项目成功的首要条件。合作伙伴的选择位于PPP项目的采购阶段，对项目建设运营能否顺利进行有很大的影响。采用招投标的方式选择PPP项目合作伙伴是PPP项目实施的有效途径，也是PPP项目成功实施的关键之一。目前，PPP项目采购方式中有公开招标、邀请招标、单一来源采购、竞争性谈判、竞争性磋商、竞争性招标六种方式。通过对全国PPP综合信息平台安徽省项目库中的488个项目进行统计，采购社会资本中以公开招标方式的达到370项，占项目总数75.82%，是政府采购的最主要方式，这也符合《政府采购法》第26条的规定：公开招标应作为政府采购的主要采购方式。剩余五种方式中，竞争性磋商共有89项，占项目总数的18.24%，其他依次为单一来源采购、邀请招标、竞争性谈判以及竞争性招标，总计占项目总数的5.94%。可见，安徽省PPP项目采购社会资本以公开招标模式为主，该模式适用于核心边界条件和技术经济参数明显完整的采购项目，采购方式公开透明，反映公共财政在公开化透明化方向不断前进。

六、PPP项目回报机制选择分析

从社会资本的角度来看，PPP模式的回报机制分为使用者付费（主要是经营类项目）、政府付费（主要是非经营类项目）和可行性缺口补助（主要是准经营类项目）三种方式。合理选择PPP项目回报机制，对促进社会资本参与公共产品和服务供给、确保项目风险分配合理、政府财政能力充分承受以及实行项目运营管理规范化具有重要意义，是政府与社会资本合作成功的重要保证。安徽省PPP项目的回报机制中政府付费项目占比最多，占项目数量的51%，说明有超过一半的项目选择政府付费作为回报

机制，其次是可行性缺口补助，占项目总数量的46%，使用者付费仅占项目总数量的3%。相比全国项目数回报机制分布，可行性缺口补助项目占全国PPP项目总数量的58.8%，政府付费仅占35.2%，说明相较于全国回报机制分布，安徽省的政府付费项目占比较高，可行性缺口补助项目占比相对较低。

根据对全国PPP综合信息平台管理库中安徽省PPP项目的分析，发现投资回报来源少的公益类项目（如生态建设和环境保护类以及市政工程领域的污水处理或垃圾处理项目等）主要采用的是政府付费机制，而投资回报具有明显来源的经营性或准经营性项目（如交通运输、城镇综合开发类以及养老类项目）多数采用可行性缺口补助以及使用者付费机制。政府倾向于使用者付费机制，因为它能减轻政府直接财政支出压力，但大多数项目仅凭使用者付费无法满足社会资本方的投资回报与项目收益，因此可行性缺口补助成为政府与社会资本方合作所更多选择的回报机制。全国PPP项目中，近六成项目采用可行性缺口补助回报机制，可以预见在未来的PPP模式发展中可行性缺口补助这一回报机制将不断被各行业所广泛应用，逐渐超越政府付费机制成为PPP项目的主流回报机制。这一发展趋势符合国家严控PPP模式财政支出红线的要求，也有利于化解地方财政风险与债务压力与促进PPP模式持久健康发展。

七、PPP项目运作方式分析

在实际操作中，合理的运作方式是PPP模式得以顺利实施的重要基础。根据财政部《关于印发政府和社会资本合作模式操作指南（试行）的通知》（财金〔2014〕113号），PPP项目具体运作方式的选择主要取决于六个关键因素，分别是收费定价机制、投资收益水平、风险分配框架、融资需求、改扩建需求和期满处置。全国PPP综合信息平台项目管理库将PPP项目运作方式分为BOT、TOT、ROT、BOO、TOT+BOT以及其他（含O&M委托运营、MC管理合同等）六种类型。如图3-8所示，采用BOT运作方式的项目以328个的绝对数量优势位居第一，占全省所有项目运作的67.21%，是PPP模式项目的首选运作方式，这也符合全国整体情况。BOT模式具有广泛的适用性，对BOT模式的优先选择，既能够扩展政府在项目融资上的渠道和范围，又可以避免潜在的债务风险，还有利于提高合作项目运作效率以及促进全社会多方面多领域发展。同时，具体的运作模式选择还受到融资需求、改扩建需求、项目投资收益水平、收费定价机制以及期满资产处置等因素的影响，在选择PPP项目的运作方式时要充分考虑到这些因素，结合项目的自身特点，科学审慎地选择项目具体运作方式。

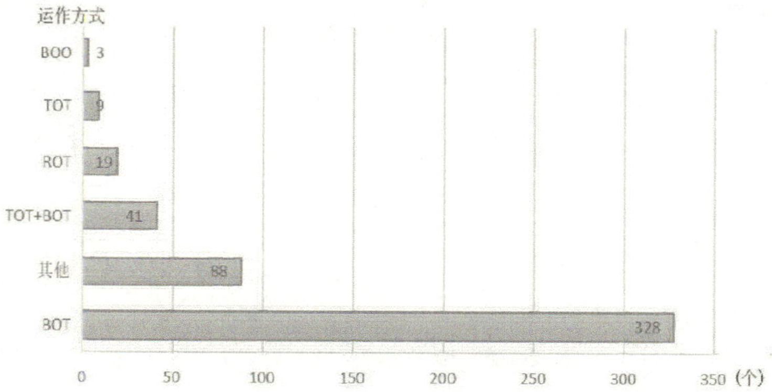

图3-8　安徽省PPP项目按运作方式数量统计

资料来源：安徽省财政厅《安徽省 PPP 综合信息平台管理库项目 2021 年度基本情况通报》。

八、PPP项目民营资本参与情况分析

截至2021年末，安徽省民营独资或者以联合体形式参与的PPP项目累计210个，占落地数的49.87%，民企资本参与项目投资额2026.26亿元，占落地项目投资额的35.81%。如图3-9所示，民营资本参与数量居前三名的市是阜阳市、六安市、宿州市，分别为35个、26个、20个，合计占民企参与数的38.57%。民营资本参与率最高的前三名的市是六安市、合肥市、池州市，分别63.41%、61.90%、61.11%。较多地市民营资本参与度超过

50%，民营资本参与度较高。

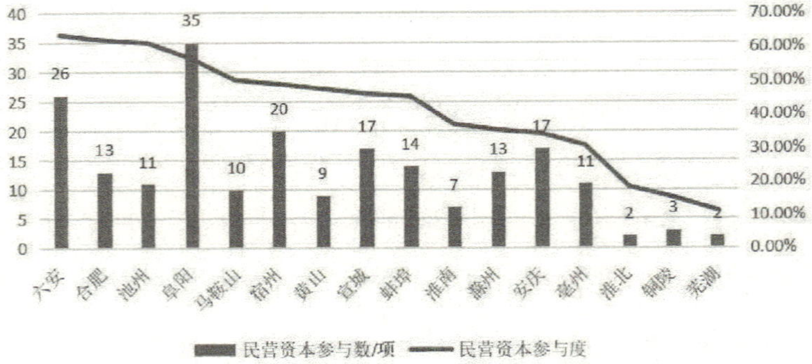

图3-9　安徽省PPP模式项目数量地区分布

资料来源：根据安徽省财政厅《安徽省PPP综合信息平台管理库项目2021年度基本情况通报》和财政部政府和社会资本合作中心有关数据整理。

第二节　PPP模式规范发展的建议

党的十九大报告倡导通过推广政府和社会资本合作这一创新机制引领现代化经济体系建设，克服当前经济下行压力。目前，PPP模式已经从快速发展阶段逐步转入全面规范高质量运行阶段。现阶段要坚持以习近平新时代中国特色社会主义思想为指导，以推动重点项目建设、助力城市高质量发展为主线，坚持新发展理念，坚持问题导向，加大“六稳”工作力度，加大高质量公共服务供给补短板，切实发挥PPP模式在“稳增长、促改革、调结构、惠民生、防风险”的积极作用。PPP模式有着广阔的发展前景和应用空间，安徽省PPP事业的发展需要营造规范发展的良好环境，针对PPP模式实践的现状，还需要从以下几个方面进行完善。

一、完善政府保证机制，提升政府履约能力

政府较高的信用水平可有效减少与民营资本间因沟通、承诺、资源约束等产生的交易成本，可降低民营资本的收益不确定性，减少政府的机会

主义行为，为PPP项目主体建立良好的合作环境。PPP项目中，政府和社会资本方处于平等的法律地位，具有对等的权利及义务，国务院办公厅和各部委相关规定也一再强调在PPP模式中政府和社会资本方必须树立契约理念，坚持平等协商、互利互惠、诚实守信、严格履约。但从我国目前的PPP项目实践情况来看，针对社会资本方的违约情形通常都设置了投标保函和履约保函等担保措施，而对政府的履约担保相对欠缺。缺少必要的政府违约担保，客观上造成了政府方和社会资本方之间的履约担保机制不对等，这也是社会资本方采用诸如“明股实债”之类“自力救济”方式的重要原因。因此，规范发展安徽省PPP模式，必须完善政府保证机制，提升政府履约能力。

地方政府要对当前应用效果较差的保证机制采取差异化的策略。对于费用支付保证，要注意在提供保证前需客观衡量政府的财政能力，将保证内容纳入财政支出；对于限制竞争保证，由于提供保证容易与更高级的规划冲突，因此政府在提供保证时应获得更高级决策机构，如人大或更高一级政府的批准。除此之外，还可以通过建立政府违约担保基金的方式对社会资本方实施守信承诺。担保基金可以由各级政府方集体作出公开承诺，交由上一级政府进行管理。此种安排可以创建一个利益共同体，成员之间相互监督、共同授信，有助于对个别政府成员的不守信行为进行有效监督，从而确保安徽省PPP项目合同的科学规范签署及有效履行。

二、准确把握PPP模式可持续发展内涵，着力推进安徽省PPP模式发展

把握PPP模式可持续发展内涵，推动PPP回归公共服务创新供给机制的本源，是促进PPP模式可持续发展的关键环节。把握了PPP可持续发展的真正内涵和发展初心，也就明确了PPP可持续发展的方向和PPP运作过程中的红线，即不能将PPP简单异化为地方政府的融资工具，也不是单纯地只是提高公共产品供给效率，而是综合考量经济、社会和环境协调发展的“代际公平”。

科学把握PPP模式可持续发展内涵，不是简单认知PPP模式的概念，而是在理解概念的基础上，从“伙伴关系”“平等合作”“利益共享”“风险共担”四大维度上明确其极为丰富的本质。当前，我国可持续发展的PPP模式尚处于萌芽阶段，还需各方不断研究和探索。在PPP项目的立项选择上，要以PPP模式作为理论支撑，在考虑经济可持续和社会可持续的基础上，从源头抓起，重点支持公共交通、供排水、生态建设和环境保护、水利建设、可再生能源、教育、科技、文化、养老、医疗卫生、林业、旅游等领域的PPP项目建设，这些领域的PPP项目都具有支持污染防治和推动经济结构绿色低碳化的作用，能有效保障安徽省PPP项目的环境可持续性。

三、多措并举，提升民营企业对安徽省PPP项目的参与度

提升民营资本参与PPP项目的信心与活力，是推动安徽省PPP模式可持续发展的至关重要的因素。对于民营资本而言，参与PPP项目能为社会公众提供公共产品和服务，但公共物品的“公共”属性决定了民营资本参与PPP项目时必须注重公共利益。民营资本参与PPP项目时必须摒弃原有单纯追逐利润的观念，要创新“利润观”，即在保证合理收益水平下提升公共产品和服务的供给质量和供给效率。利益追求是民营资本参与PPP项目的内在源动力，为了保证自身利益，民营资本将更倾向于参加具有明显现金流的PPP项目。因此，安徽省运用PPP模式时，必须密切关注民营企业的管理能力，多措并举，充分调动民营企业对PPP项目的参与度，可以重点从以下几方面着手：一是通过营造PPP模式舆论环境、举办PPP项目推介会等方式增加民营企业参与PPP项目的意愿，提升民营企业参与PPP项目的主观积极性；二是各级政府要继续为民营企业提供融资、税费等方面的便利条件，支持和鼓励民营企业发展，增强民营企业参与PPP项目的竞争实力；三是要努力营造良好的PPP政策环境、完善的风险分担机制环境以及良性的竞争环境，畅通民营企业参与PPP项目渠道；四是政府要积极转换角色，优化政府行为，提高信息公开水平，为民营企业参与PPP项目提供正向激励。

四、灵活应用各类政策工具，促进PPP模式规范发展、阳光运行

增加对激励性环境型政策工具的应用，减少供给型政策工具对资金投入的依赖，增加需求型政策工具的应用。具体地，金融支持、税收优惠等激励性政策工具对于鼓励社会资本参与、提高其积极性有重要意义。针对基础设施的PPP政策在加强管制、防范风险的同时也应当适当增加激励性的措施，激发社会资本的活力，进一步为基础设施PPP项目提供良好的发展环境。基础设施PPP项目未来的发展，需要兼顾各项供给型政策工具，为社会资本提供更为全面的支持与服务。信息共享服务、基础平台建设、技术创新支持、人才培养等工具对直接推动基础设施PPP项目的发展有着不可忽视的作用，应逐步减少对资金投入的依赖，通过提供精细化的信息共享服务，健全基础平台，加大技术、人才等方面的支持，为基础设施PPP项目提供全方位的政策保障，以推动其发展。需求型政策工具对基础设施PPP项目有直接拉动作用，与环境型政策工具相比，其对PPP发展的促进作用在一定程度上更为快捷、直接。

随着"一带一路"倡议的实施、城镇化等的发展带来的对基础设施建设的需求，贸易管制、引进海外资本等政策工具的作用愈发凸显。当前，基础设施PFP领域的需求型政策工具较为欠缺，应加强对需求型政策工具的应用，进一步推动国际交流、对外开放的深入。随着PPP发展的深入，社会资本逐利性带来的不可持续问题逐渐凸显，平衡经济、社会、生态的目标、注重政策的可持续导向PPP模式产生时的主要目标对于政府制定PPP政策而言越来越重要。PPP政策应当逐渐脱离仅考虑经济增长的思维，更关注实现经济、社会、生态的可持续发展，推动经济转型、社会公平以及生态保护。

第三节　生态环保类PPP项目投资迎来新机遇

2021年3月5日李克强总理作政府工作报告，部署2021年发展主要目标和重点工作，明确提出要加强污染防治和生态建设，持续改善环境质量，要求深入实施可持续发展战略，巩固蓝天、碧水、净土保卫战成果，促进生产生活方式绿色转型，提高城镇生活污水收集和园区工业废水处置能力，有序推进城镇生活垃圾分类处置，扎实做好碳达峰、碳中和各项工作。2022年的政府工作报告再次强调要持续改善生态环境，推动绿色低碳发展。随着"双碳"目标的提出，我国环境污染治理已进入重点攻坚与精准突破的深水区，继续打好蓝天、碧水、净土保卫战，持续改善生态环境质量，对于满足人民日益增长的美好生活需要具有重大意义。为此，PPP模式在安徽省生态环保领域推广应用将迎来新挑战。

一、生态环保类项目的应用背景与领域

生态环境保护包括自然环境保护、地球生物保护、人类环境保护以及生态环境保护。作为全面建成小康社会最重要的指导性标志和主要制约因素之一，"十四五"时期，安徽省生态环境保护工作面临的机遇与挑战并存，全面推进生态环境持续改善依然任重道远。2022年1月27日安徽省生态环境厅与安徽省发展和改革委员会印发《安徽省"十四五"生态环境保护规划》(以下简称《规划》)，指出安徽省的生态文明建设还存在生态环境质量改善成效还不稳固、生态环境风险隐患仍然存在、生态环境治理体系与治理能力尚不能满足新形势要求、绿色低碳发展水平有待进一步提升等问题，重点强调安徽省生态环境治理手段单一，市场手段和社会参与程度仍然偏弱，资源环境的市场配置效率有待进一步提高，提出全面推进绿色转型发展、切实推进生态环境持续改善、协同实施区域共保联治、加快推进生态环境治理体系和治理能力现代化等要求，并提出到2025年绿色低碳发展格局总体形成、生态环境治理持续改善、生态环境安全有力保

障、生态环境治理效能显著提升的目标。2022年是“十四五”时期关键之年，面对新形势、立足新阶段，生态环境保护工作必须完整、准确、全面贯彻新发展理念，服务和融入新发展格局。《安徽省国民经济和社会发展第十四个五年规划和2035年远景目标纲要》要求通过推动产业绿色发展、推行绿色生活持续等方式加快绿色低碳发展，通过深入开展大气污染综合防治、加强重点河湖水环境治理、提升土壤污染与固废危废防治水平等途径持续改善环境质量，并部署了一系列生态环境保护重大工程如蓝天工程、碧水工程、净土工程、温室气体减排工程、环保基础能力建设提升工程等，不断推进我省生态环境保护工作。基于此，《安徽省“十四五”重点流域水生态环境保护规划》中提出“以改善水生态环境质量为核心，污染减排和生态扩容两手发力，减污降碳协同增效，深入打好污染防治攻坚战，不断提升环境治理体系和治理能力现代化水平，促进经济社会发展全面绿色转型”。加强污染防治和生态建设，持续改善环境质量，深入实施可持续发展战略，巩固蓝天、碧水、净土保卫战成果，扎实做好碳达峰、碳中和各项工作，促进生产生活方式绿色转型对于满足人民日益增长的优美生态环境需要，建设现代化美好安徽具有重要意义。

近年来，安徽省在生态文明建设方面取得众多成就，全省上下形成推进生态文明建设、加强生态环境保护浓厚氛围，但仍有水环境质量持续改善任务艰巨，城市污水收集管网存在短板，县城及农村黑臭水体治理压力较大；农村环境整治缺乏统筹性、协同性；产业结构依然偏重，低碳转型进程有待加快，第二产业仍处于主导地位，经济增长与碳排放脱钩难度大等诸多问题。对此，《规划》要求坚持多方参与，共同推进，落实党委领导、政府主导、企业主体责任，动员社会组织和公众积极参与生态环境保护，激励与约束并举，政府与市场“两手发力”，形成政府、企业、社会组织和公众共同参与的现代化环境治理体系。因此，在生态环境保护领域推进政府与社会资本的合作（PPP）是十分必要的。

二、PPP模式助力生态环保投资建设

“十三五”期间，安徽省PM2.5平均浓度下降25%，空气质量优良天数占比率82.9%，城市黑臭水体基本消除，森林覆盖率达30.22%，美丽长江(安徽)经济带建设取得重要阶段性成效。基于此，《安徽省国民经济和社会发展第十四个五年规划和2035年远景目标纲要》要求“十四五”期间安徽省要全面建设新阶段现代化美丽长江(安徽)经济带，构建综合治理新体系，提出持续推进城镇污水垃圾处理、化工污染治理、农业面源污染治理、船舶污染治理和尾矿库污染治理等生态环境污染治理“4+1”工程以及积极应对气候变化，按照碳排放达峰和能源高质量发展要求，制定实施全省2030年前碳排放达峰行动方案，实现减污降碳协同效应等要求。并提出实施大气、水、土壤污染防治升级版，强化多污染物协同控制和区域协同治理，以满足人民日益增长的优美生态环境需要。2022年安徽省政府工作报告要求2022年安徽省要积极推进绿色低碳发展，全面开展减污降碳协同增效，进一步改善生态环境质量，迈出美丽安徽建设新步伐。报告明确提出要深入打好污染防治攻坚战，2022年要新建、改造城市排水管网1000公里以上，新增城市生活污水日处理能力30万吨，深入开展集中式饮用水水源地环境问题排查整治。

推广运用政府和社会资本合作(PPP)模式，是党中央国务院作出的一项重要决策部署，是在公共服务领域落实党的十八届三中全会《中共中央关于全面深化改革若干重大问题的决定》中关于发挥市场在资源配置中的决定性作用和更好地发挥政府作用，实现国家治理体系和治理能力现代化的一项重要举措。通过吸引社会资本参与短板产业、落后地区建设，在一定程度上能够弥补补短板过程中的融资需求缺口。自2014年中国大力推广PPP模式以来，PPP模式在基础设施和公共服务领域得到迅速发展，生态环保领域也成为中国PPP模式的主要适用领域之一。PPP模式具有利益共享、风险共担、合作共赢的特征，有利于激发各类市场主体活力、

提高项目运行效率、减轻政府财政压力，将PPP模式引入生态环保领域，是我国深化供给侧结构性改革背景下的必然选择，是提高生态环保领域专业化、市场化的有效手段，是扩宽生态环保产业发展空间的重要途径。PPP模式与生态环保项目具有内在的契合性。一方面，政府部门虽担负着生态环境保护的重责，但缺乏资金、人才、技术；另一方面，社会企业虽有雄厚的资金、人才、技术，但缺乏投入生态环境保护后可靠的收益回报保障。基于此，在合理分配项目收益与风险承担机制后，双方合作，社会企业提供资金、人才、技术，实施生态环境保护项目，为政府提供生态环境保护服务，政府则按约定支付资金购买这一服务。既解决了政府缺乏的项目建设资金，又切实地保护了生态环境。PPP模式的实施，使得生态环境保护项目兼具市场灵活性与政府管控性，有利于发挥企业专业水平，保证公共服务的优质供给，促进政府职能进一步向强化监管转化。因此，PPP模式与生态环保相辅相成，两者有机融合将产生"1+1>2"的结果。PPP模式在安徽省生态环保领域具备广阔的应用空间，2021年安徽省新入库生态建设和环境保护领域PPP项目69个，仅次于市政工程领域PPP项目入库数量。在生态环境的治理和保护领域引入PPP模式，调动社会资本参与，有利于解决生态环境保护领域资金短缺的难题，助力环保领域项目提质增效。我省应充分发挥财政资金的引领作用，通过PPP模式与优质社会资本充分合作，共同加快推广生态环保PPP项目在我省生成、落地。

生态环保项目具有典型的公益性特征，投资需求大，项目运营和投资回收周期长，长期以来主要依赖公共财政投入。在财政去杠杆不断深化、政府严控债务规模的背景下，生态环保领域项目"拥抱"PPP成为必然选择。将PPP模式应用于生态环保领域高度契合创新、协调、绿色、开放、共享的新发展理念，改变了政府投入负担重、污染治理设施短缺、处理能力不足的局面。政府部门公共政策对生态环保领域PPP模式的支持，不仅有助于破解目前我国在环境保护方面投资不足问题，实现我国环境保护基础设施及其服务从单一的供给主体向多元化的供给主体转变，还能够基于中国特色社会主义制度优势，深化项目投融资制度改革，实现生态环境领域内的多元共治，推动国家治理能力现代化。这对于推动安徽省生态文明建设和创新经济体制改革与社会治理模式具有重要意义，有利于全面提升我省生态环境保护领域公共产品与服务供给的质量与效率，拓宽环保项目投融资的渠道，对于打赢污染防治攻坚战、实现新发展阶段国民经济高质量发展具有重要作用。

三、案例分析——和县污水处理厂网一体化PPP项目

和县位于马鞍山市，濒临长江，县域面积1318.6平方公里，辖9个镇，拥有54万人口，是国家主体功能区规划中确定的重点开发区域，拥有41.6公里长江岸线，是安徽融入长三角一体化发展的最前沿。随着城镇化水平的提升，和县城区建设缺少排水规划指导、排水系统混乱等问题逐渐暴露，城市生活污水排放量逐年增大，污水厂处理负荷接近饱和，水环境污染不仅对生态环境造成威胁，也对居民身体健康产生危害，环境污染问题逐渐成为制约和县新型城镇化建设的重要因素，亟需配套建设市政污水收集及处理设施。为治理区域水环境，完善和县城区、经开区及台创园污水收集和处理设施建设，提高和县污水治理效率，改善和县人民的居住环境和健康水平，实现城市建设与环境建设的经济效益、社会效益和环境效益的统一，和县人民政府决定实施和县污水处理厂网一体化PPP项目。

1.选择供给方式。和县污水处理厂网一体化项目属于公共性事业和政府投资项目，但由于地方财力有限，和县短期承担项目的建设投资支出压力较大，因此项目采用政府和社会资本合作模式（PPP模式）运作。在合作期限内给予服务费的方式，可以平滑财政支出，缓解政府短期投资压力。该项目通过PPP模式引入市场机制，较好地提升了公共服务的效率，一方面，能够促进政府职能转变，发挥统筹与监管职能，确保技术设施与公用事业的供给；另一方面，鼓励社会资本技术创新、强化运营管理以及融资等综合实力，提高项目运行效率、降低了运营成本。本项目属于生态

建设和环境保护建设项目，采用“转让-运营-移交（TOT）”加“建设-运营-移交（BOT）”的方式运作，共有4个子项工程，项目总投资估算86254.46万元，其中新建类项目总投资估算69206.41万元，存量项目（第一污水处理厂及存量管网）总投资为17048.05万元。本项目的建设不仅可以有效提高和县水环境，构建健康、有效的水环境，保障人民健康、防治水污染，还可以通过PPP模式盘活存量资产，吸引社会资本参与公共服务项目的投资、运营和管理，提高闲置公共资产利用效率，化解地方政府存量债务，加快补齐基础设施和公共服务短板。

2. 项目范围及权责。本项目总投资估算为83506.75万元，其中新建类项目总投资估算66458.70万元（最终新建项目总投资以经审计后的竣工决算价为准），存量项目（第一污水处理厂及存量管网）经营权转让价款为17048.05万元。本项目共有4个子项目工程，项目总投资估算为86254.46万元，四个子项目工程分别为：和县第二污水处理厂及配套管网工程（一期）、和县经济开发区污水处理厂及配套管网工程、城区雨污分流改造工程以及第一污水处理厂及存量管网。和县人民政府授权和县城市建设投资有限责任公司为本项目政府方出资代表，与中标社会资本签订合资经营协议，政府授予项目公司项目经营权，项目公司在项目经营期内负责投融资、建设、运营、移交和维护等服务并获得合理回报。本项目于2020年12月开工建设，项目合同期限为30年，其中建设期3年，运营期27年，已通过财政承受能力论证。该项目物有所值量为50115.34万元，定性分析综合评分结果为90.92分，通过物有所值定性评价。

3. 项目运营成效。在PPP模式的支持下，本项目污水处理能力逐步得到提升，带动了当地雨污分流以及污水处理配套设施等的快速发展，加快污水处理设施短板补齐，城市黑臭水体整治成效明显，有效改善和县当地生态环境质量和城乡人居环境，有力促进和县经济社会的持续健康发展和居民生活质量的提高，进一步实现生态治理领域价值。该项目秉持“因地制宜、分类治理，先易后难、梯次推进，政府主导、社会参与，生态为本、绿色发展”的原则，为和县生态环境保护做出积极贡献，为和县环保绿色发展提供有力保障，实现了水资源有效循环再使用，推进了节水型社会建设，一定程度缓解了水资源紧张的状况，在改善生态环境、保护自然生态方面发挥了积极作用。项目更加充分地发挥生态环境保护对产业结构优化升级和发展方式绿色转型的倒逼作用、推动作用和引领作用，推动形成绿色发展方式和绿色生活方式，以生态环境高水平保护推动经济高质量发展。

第四章　安徽省减税降费政策效应分析

在国内经济下行压力、全球疫情蔓延以及外部局势复杂多变背景下，减税降费政策不仅是我国宏观经济调控的重要抓手，同样也是逆周期调节的关键举措。党中央、国务院高度重视减税降费工作。在我国经济结构转型的重要阶段，减税降费政策作为积极财政政策的有力工具，有利于减轻企业负担、激发市场主体活力，在“六稳”“六保”中发挥重要作用，有效完成降成本、稳经济的重要任务，为中国经济发展增添不少活力。

安徽省税务系统深入学习习近平总书记关于减税降费的重要指示，认真贯彻落实十九大、十九届五中全会精神，始终坚持将落实减税降费作为当前全省税务部门重要政治任务，以进一步提升广大企业和人民群众的获得感和幸福感为目标，多举措力促减税降费工作落实、落细，确保减税降费工作顺利开展，以服务和融入新发展格局，进一步助推高质量发展。

第一节 减税降费政策演变及其特点

“减税”“降费”词语首次出现于2008年，主要是为了应对和缓解美国次贷危机对全球以及中国经济造成的不利影响。美国次贷危机爆发后，中国开始采取新的宏观经济政策，致力于促进经济复苏。随着强刺激经济政策的实施，政策累积效应也带来了一些弊端。国家转而开始从“营改增”试点实施、社保费改革等方面入手实施以供给侧结构性改革为主线的降成本政策。在全球疫情影响下世界经济复苏动力不足，外部政治经济环境更趋复杂严峻和不确定，中国经济环境面临着需求萎缩、供给冲击、预期弱化三重压力，国家开始将工作重心由降成本逐渐转移至稳预期主导，通过降低纳税人税收负担，稳定市场预期，提振市场信心。

一、扩内需主导阶段（2008—2012年）

2008年底，美国次贷危机爆发，国际金融体系受到重创，世界经济急速下滑。为应对世界金融危机，我国采取了以扩大政府投资为主、结构性减税为辅的需求管理策略。以“4万亿”投资计划为主导的政府投资引导和带动作用持续显现，经济各项指标企稳回升；与此同时，以保出口、促投资、稳消费为主的“一揽子”税费优惠政策密集出台，主要包括增值税、企业所得税及车辆购置税税收优惠，取消停征部分行政事业性收费，调高个人所得税免征额等一系列优惠政策。在分区域、分行业、分时段增值税转型试点基础上，2009年我国增值税转型在全国范围内铺开，企业税费改革红利进一步释放。总的来说，2008—2012年，减税降费政策主要以“税式优惠”方式推出，更多采取的是短期刺激，需求导向的政策措施，具有相机权宜、多点发力、时效约束的特点。

二、降成本阶段(2012—2018年)

政府大规模投资计划短期内刺激效果显著,经济开始复苏,然而高强度投资带来的副作用也逐渐显现,如投资效益递减、产能过剩加剧、通胀攀升、经济结构失衡等问题。为此,我国财政政策研究重心开始由投资拉动型需求侧管理转向降成本的供给侧结构性改革,减税降费政策思路逐渐清晰。新政策主要集中于增值税和社会保障费改革上。增值税方面,旨在打通产业壁垒、降低企业成本的"营改增"试点,上海最先试点,此后试点地区和试点领域不断扩大,2016年5月"营改增"全范围、全行业推开,至此我国营业税转增值税改革顺利完成,营业税正式退出历史舞台,消费型增值税全面确立。除此之外,在现行低统筹层次的费制框架下,我国社会保险费也进行了调整,适当下调企业社会保险综合费率,同时通过放管服改革,从物流、电力、融资等方面全方位降低企业经营成本,削减制度性交易成本,为纳税人全面降低经营负担。

三、稳预期主导阶段(2018年至今)

理论上,"营改增"改革能够降低企业税负,打通产业壁垒,促进社会专业化分工,但是增值税是现代工业社会的产物,其运行有一整套精致而又特殊的体系,因此利用"营改增"来减少税收负担还要受到实践层面的制约,减负效果并未完全释放。改革初期,受税负转嫁、多档税率并存、小规模纳税人众多以及增值税专用发票获取难等因素影响,营改增效果在微观层面呈现显著的异质性,国有企业、高新技术企业以及规模以上工业企业税负降低显著,但民营企业、中小企业、服务业和部分制造业减税效果不明显,甚至有的企业税负不降反升。先期社保综合费率的下调,也并没有起到实质性的作用,纳税人的费负水平仍处于一个较高的状态。由于缴费基数长期不实的情况一直存在,社会保险费征管机构划转导致纳税人费负预期上升,压力反而加大。减税降费获得感的参差不齐,导致部分纳税人对于减税降费信心不足。努力提升纳税人的减税降费预期成为当务之急。因此,我国采取新一轮更大规模减税降费政策,就是要在稳预期导向下,以推进供给侧结构性改革为主线,实施更大规模、更大强度、更高水平的普惠性、实质性和精准性的减税降费政策。

第二节 现阶段减税降费政策措施

减税降费是党中央、国务院作出的一项重大决策部署,是深化供给侧结构性改革、助力构建双循环新发展格局的重要举措。近年来,为降低市场主体成本的各类税费优惠政策接连出台,为众多企业减轻负担,提升了"双创"信心,在促进经济高质量发展中发挥了重要作用。

2021年,安徽省税务系统凝心聚力、担当作为,税收治理能力持续提高,税收营商环境持续优化,基层基础建设持续加强。税务机关认真贯彻中共中央办公厅、国务院印发的《关于进一步深化税收征管改革的意见》,统筹推进常态化疫情防控和服务经济社会发展、落实减税降费等重点工作任务,更好发挥税收在国家治理中的基础性、支柱性、保障性作用。安徽省各级税务机关积极落实国家各项减税降费政策,为民办实事、为企优环境,切实减轻小规模纳税人、小微企业和个体工商户等市场主体负担。2019年以来,安徽省关于减税降费方面的主要政策文件,见表4-1。

表4-1 安徽省减税降费主要政策

序号	名称	发文字号	发布日期
1	安徽省财政厅 安徽省税务局 关于我省小规模纳税人减按50%征收地方税及附加的通知	皖财税法〔2019〕119号	2019.2.3
2	安徽省财政厅 国家税务总局安徽省税务局 关于残疾、孤老人员和烈属所得减征个人所得税有关政策的通知	皖财税法〔2019〕157号	2019.2.20

续　表

序号	名称	发文字号	发布日期
3	安徽省财政厅 国家税务总局安徽省税务局 关于调整契税适用税率的通知	皖财税法〔2019〕120号	2019.2.25
4	中共安徽省委 安徽省人民政府《关于进一步减负增效纾困解难优化环境促进经济持续健康发展的若干意见》	皖发〔2019〕7号	2019.2.25
5	安徽省人力资源和社会保障厅 安徽省财政厅 国家税务总局安徽省税务局 安徽省统计局《关于印发安徽省降低养老保险费率专项方案的通知》	皖人社发〔2019〕2号	2019.4.25
6	国家税务总局安徽省税务局 关于印发《支持新冠肺炎疫情防控和企业复工复产税费政策服务措施清单》的通知	皖税函〔2020〕23号	2020.2.26
7	安徽省医疗保障局 安徽省财政厅 安徽省人力资源和社会保障厅 国家税务总局安徽省税务局《关于阶段性减征职工基本医疗保险费的实施方案》	皖医保发〔2020〕1号	2020.3.5
8	安徽省财政厅 国家税务总局安徽省税务局《关于疫情防控期间房产税和城镇土地使用税困难减免政策的通知》	皖财税法〔2020〕287号	2020.4.1
9	安徽省人力资源和社会保障厅 安徽省财政厅 国家税务总局安徽省税务局《关于延长阶段性减免企业社会保险费政策实施期限等问题的通知》	皖人社发〔2020〕11号	2020.7.3
10	国家税务总局安徽省税务局《安徽省境内跨境电子商务综合试验区零售出口货物免税管理办法（试行）》的公告	国家税务总局安徽省税务局公告2021年第1号	2021.1.7

续　表

序号	名称	发文字号	发布日期
11	《安徽省发展改革委安徽省财政厅关于防空地下室异地建设收费有关事项的通知》	皖发改价函〔2021〕167号	2021.4.30
12	安徽省人民政府《安徽省人民代表大会常务委员会关于安徽省契税具体适用税率等事项的决定》	皖人民代表大会常务委员会公告(第四十九号)	2021.7.23
13	《安徽省财政厅关于继续暂停征收小型水库移民扶助基金的通知》	皖财综〔2021〕728号	2021.8.10
14	国家税务总局 财政部《关于制造业中小微企业延缓缴纳2021年第四季度部分税费有关事项的公告》	财政部税务总局公告2021年第30号	2021.10.29
15	安徽省财政厅 国家税务总局安徽省税务局 安徽省人力资源和社会保障厅 安徽省乡村振兴局《关于延长支持和促进重点群体创业就业有关税收政策执行期限的通知》	皖财税法〔2021〕1322号	2021.12.7
16	安徽省财政厅 国家税务总局安徽省税务局《安徽省民政厅关于2021年度公益性社会组织税前扣除资格认定名单的通知》	皖财税法〔2021〕1088号	2021.12.6
17	安徽省财政厅 国家税务总局安徽省税务局《关于我省小规模纳税人、小微企业和个体工商户减按50%征收“六税两费”的通知》	财政部税务总局公告2022年第10号	2022.3.17

资料来源：根据安徽省人民政府网、安徽省税务局等网站相关资料整理。

一、组合式减税降费支持政策

安徽省税务系统深入学习以习近平同志为核心的党中央统筹国内国际两个大局、审时度势运用跨周期和逆周期宏观调控组合，创新性实施组合式减税降费支持政策，以稳定全省经济预期，帮助市场主体纾困解难。在国务院授权下，安徽省陆续出台了“六税两费”、制造业中小微企业延缓缴税等减税降费组合政策。

（一）“六税两费”减征政策

“六税两费”是指资源税、城市维护建设税、房产税、城镇土地使用税、印花税（不含证券交易印花税）、耕地占用税和教育费附加、地方教育附加。自2019年1月1日至2021年12月31日，安徽省“六税两费”按照上限50%减征。原政策2021年年底到期，2022年新政策再延3年。新政策惠及对象扩围，由以前年度的增值税小规模纳税人扩大到全体小型微利企业以及个体工商户，在范围上惠及了更多的纳税群体。同时，加大减征幅度。中央授权省级政府可以根据实际，在50%的幅度内进行减征。经省政府同意，省税务局已会同省财政厅出台了相关文件，明确安徽省按照50%的税额幅度顶格减征。

（二）制造业中小微企业延缓缴纳税收政策

深入贯彻落实税务总局联合财政部出台的《关于制造业中小微企业延缓缴纳2021年第四季度部分税费有关事项的公告》，明确相关企业延缓缴纳2021年第四季度企业所得税、个人所得税、国内增值税、国内消费税及附征的城市维护建设税、教育费附加、地方教育附加的相关规定。

（三）小规模纳税人、小微企业、个体工商户税收优惠政策

2021 年，安徽省落实国家各项减税降费政策，为民办实事、为企优环境，切实减轻小规模纳税人、小微企业和个体工商户等市场主体负担。除了延续执行有关疫情防控税收优惠外，自 2021 年 4 月 1 日至 2022 年 12 月 31 日，对月销售额 15 万元以下（含本数）的增值税小规模纳税人，免征增值税。小规模纳税人减按 1% 征收率（预征率）征收增值税政策执行期限，延长至 2021 年 12 月 31 日。增值税小规模纳税人，适用 3% 征收率的应税销售收入，减按 1% 征收率征收增值税；适用 3% 预征率的预缴增值税项目，减按 1% 预征率预缴增值税。自 2021 年 1 月 1 日至 2022 年 12 月 31 日，对小型微利企业和个体工商户年应纳税所得额不超过 100 万元的部分，在现行优惠政策基础上，再减半征收所得税。小型微利企业和个体工商户不区分征收方式，均可享受减半政策。

（四）增值税留抵退税政策

对于增值税一般纳税人而言，增值税的计算方式是以纳税人日常经营活动中销售货物、提供劳务或服务产生的增值税销项税额，减去购进原材料、劳务等产生的增值税进项税额，为应纳的增值税额。当增值税进项税额大于销项税额时，就产生了增值税留抵税额。正常情况下，留抵税额不能退税，只能等到下期进行抵扣。为进一步降低企业税负，2019 年 4 月 1 日起我国开始试行增税留抵退税政策，即纳税人未抵扣完的进项税额不用等产生销售或提供服务后再抵，而是按照一定程序由税务部门直接办理退税。为进一步支持科技创新，自 2021 年 4 月 1 日起，符合条件的先进制造业纳税人，可以自 2021 年 5 月及以后纳税申报期向主管税务机关申请退还增量留抵税额。2022 年增值税留抵退税新政出台，聚焦“小微企业和重点支持行业”、采取“增量留抵和存量留抵”并退。为将助企纾困政策落到实处，确保政策红利落地见效，安徽省税务局认真研究增值税留抵退

税相关政策文件，深入分析政策导向和要点，统筹保障好留抵退税资金退付，确保退税资金应退尽退、应退快退。

（五）科技创新、制造业等领域的减税降费政策

安徽省减税降费政策始终坚持与高质量发展的长期目标相呼应，政策执行精准度高。首先，制造业企业研发费用加计扣除比例提高到100%。制造业企业开展研发活动中实际发生的研发费用，未形成无形资产计入当期损益的，在按规定据实扣除的基础上，自2021年1月1日起，再按照实际发生额的100%在税前加计扣除；形成无形资产的，自2021年1月1日起，按照无形资产成本的200%在税前摊销。其次，延续执行的支持科技创新税收优惠政策。根据财政部税务总局《关于延长部分税收优惠政策执行期限的公告》（2021年第6号）规定，对购进的设备、器具等一次性折旧扣除、企业研发费用加计扣除、对内资研发机构和外资研发中心采购国产设备全额退还增值税、对动漫企业增值税一般纳税人即征即退政策等执行期限延长至2023年12月31日。

（六）疫情防控税收优惠延续政策

对参加疫情防控工作的医务人员和工作者按照政府规定标准取得的临时性工作补助和奖金，免征个人所得税政策执行期限，延长至2021年12月31日；单位发给个人用于预防新冠肺炎的药品、医疗用品和防护用品等实物（不包括现金），不计入工资、薪金收入，免征个人所得税政策执行期限，延长至2021年12月31日；对纳税人提供电影放映服务取得的收入免征增值税政策执行期限延长至2021年12月31日；免征文化事业建设费政策执行期限延长至2021年12月31日；受疫情影响较大的困难行业企业2020年度发生的亏损，最长结转年限由5年延长至8年，不涉及政策执行期限调整。

二、提升减税降费服务能效举措

为了落实好各项税费支持政策，安徽省税务系统出台服务效能提升行动、征管效能提升行动等“五个专项行动”方案，组建退税减税政策落实工作领导小组及其办公室和3个专项工作组，重点围绕宣传解读好政策开展第31个全国税收宣传月活动，力求税费政策红利以最快速度精准直达市场主体，并连续9年开展“我为纳税人缴费人办实事暨便民办税春风行动”。主要举措有以下五方面。

一是加强宣传辅导。将税费支持政策作为宣传重心，制作宣发产品，推广给更多纳税人，另外税务系统工作人员用生动鲜活、通俗易懂的方式，帮助纳税人“听得懂、看得明、记得牢”。对办税服务厅、基层分局等一线税务人员进行系统培训，确保基层税务人员“懂政策、会操作、能解释”。充实12366服务热线力量，加强运行情况监测，确保热线“打得通、态度好、答得准”。

二是深化智慧办税。对电子税务局等信息系统进行优化升级、流程改造，实现“一键退税”“自动享受”。推行全新的办税清缴模式，企业所得税“报退合一”，不用再填写更多的申请退税资料，减少纳税人多余的办税步骤。同时对纳税人申请500元以下小额退税采取受理即办，无须过多的等待，运用税收大数据制作减税降费红利账单，向纳税人实施精准推送，大大提升了纳税人的获得感。

三是提速诉求响应。积极拓展纳税人与税务系统互动的渠道，力求第一时间解决纳税人在办税过程中遇到的问题。同时定期汇总纳税人对于办税过程中的意见，及时处理并回复，形成解决问题的闭环。加强退税减税相关投诉处理，重点投诉3日办结，将改进作风贯穿税费支持政策落实全过程。

四是完善税务监管。运用大数据调查，开展税收风险分析，在税收稽查过程中，强化事前事中风险预警，完善事后的风险管理。同时针对纳税人的虚报增值税进项、隐瞒收入等虚假申报行为坚决抵制，并加大处罚力度，杜绝此类现象的发生。推进动态“信用+风险”税务监管，建立留抵退税等风险指标模型，确保管理跟得上、风险防得住。

五是推进税收共治。加强部门横向联系，安徽省税务部门联合财政局、人民银行等相关部门定期会商，针对纳税人重复报送数据资料的情况提出解决方案，要求做到密切配合，共同发力。完善各方的涉税数据共享机制，简化纳税人的办税步骤。

第三节　减税降费完成情况及成效分析

一、减税降费完成情况

（一）安徽省完成情况

1. 总体概述。为助力市场主体减负担、增活力、添信心，安徽省税务系统上下一心，协同配合，努力将减税降费政策落实到位。在过去的几年中，减税降费政策持续发力。2016—2021年，六年间安徽省累计减税降费4644.4亿元，大规模减税降费政策在减轻企业负担的同时，帮助受疫情冲击的企业恢复正常生产经营，通过带动就业、提高居民收入水平、提升消费能力等，促进新发展格局的构建。2021年，全省税务部门持续完善税费优惠政策直达快享机制，全力确保各项惠企利民的政策不折不扣落实到位。全年新增减税降费334.3亿元，中小微企业缓缴税费73.8亿元，煤电供热企业减退、缓缴税费7.7亿元。减税降费成效显著。

一是增强了小微企业内生动力。全年支持小微企业发展税收优惠84.7亿元。其中，提高小规模纳税人增值税起征点惠及13.1万户纳税人，新增减税21.9亿元；下调小规模纳税人增值税税率惠及27.2万户纳税人，新增减税52亿元；进一步加大中小微企业和个体工商户的税收优惠力度，使得26.7万户纳税人获益，新增减税10.8亿元。

二是促进了市场主体创新发展。2021年，允许先进制造业提前享受前三季度研发加计扣除政策，覆盖全省1.6万户企业，加计扣除金额共计472.2亿元，比2020年全年增加0.9亿元，大大缓解了企业资金链紧张形势。2021年，企业创新投入持续加大，全省重点税源制造业企业研发投入同比增长19.1%。研发税收优惠政策为市场主体增添了创新发展的持续动力。

三是缓解了制造业企业资金压力。针对先进制造业，税收优惠政策主要包括按月全额退还增值税增量留抵税额和企业购买不超过500万元的设备器具一次性企业所得税税前扣除政策。2021年，这两项税收政策为全省先进制造业新增减税122.6亿元，其中留抵税额退税87.4亿元，减免企业所得税35.2亿元，进一步缓解了制造业企业资金压力。

四是降低了企业用工成本。2021年，安徽省税务部门会同人社部门落实落细阶段性失业保险、工伤保险费率政策。全省全年共减轻企业社保费51.9亿元，对全省的稳岗就业起到了积极的推动作用。

2.宏观税负持续降低。自2018年以来，安徽省一般公共预算收入与非税收入不断增长，宏观税负率（宏观税负率以财政总收入/GDP来衡量）持续下降，见表4-2。

表4-2　安徽省财政收入与宏观税负情况

单位：亿元

年份	一般公共预算收入		税收收入		非税收入		减税降费		宏观税负率
	金额	增长率/%	金额	增长率/%	金额	增长率/%	金额	增长率/%	
2018	3048.70	8.40	4212.45	—	163.95	—	1117.20	13.18	17.87
2019	3164.91	3.81	4342.80	3.09	207	26.26	802.20	–28.20	16.62
2020	3215.97	1.61	4321.00	–0.50	214.8	3.77	672.00	–16.23	14.71
2021	3498.2	8.78	4681	8.33	2023.3	841.95	334.3	–50.91	15.23

资料来源：根据安徽省人民政府网、安徽省财政厅网站相关资料整理。

2018—2021年，一般公共预算收入规模持续扩大。2021年安徽省一般公共预算收入3498.2亿元，同比增长8.78%，比2018年增加449.5亿元，增长率14.7%。整体上看，2018年以来，安徽省一般公共预算收入增长率呈现先下降后上升的特点，由2018年的8.4%下降至2020年1.61%，跌至近年来的谷底，减少了近7个百分点。2021年一般公共预算收入增长率触底反弹，迅速提升至8.78%，增速明显。出现上述特点的原因主要在于：2020年，受经济下行和减税降费的双重影响，全省一般公共预算收入增长缓慢，增长率仅为1.61%，2021年疫情缓解，一般公共预算收入增长速度逐渐回升。

税收收入在2021年同样呈现大幅上涨，增长率由2020年的-0.5%变为8.33%，增长幅度接近9个百分点，说明疫情缓解与减税降费刺激共同促进了经济增长，导致经济增长带来的税收增项超过了减税降费的税收减项，实现了财政与经济良性互动。2021年，非税收入大幅提升，增长率高达841.95%，主要原因：一是党中央、国务院决定自2021年1月1日起，将水土保持补偿费、地方水库移民扶持基金、排污权出让收入、防空地下室易地建设费划转至税务部门征收；二是经财政部、自然资源部、国家税务总局、人民银行协商，自2021年7月1日起将国有土地使用权出让收入、矿产资源专项收入、海域使用金、无居民海岛使用金四项政府非税收入划转税务部门征收。

减税降费绝对规模持续降低，由2018年的1117.2亿元降低至2021年的334.3亿元，减税降费速率有所下降，从2019年开始减税降费增长率均为负，说明我国减税降费政策在持续发力，但减税降费空间在逐渐缩小。

随着一系列减税降费政策落地实施，安徽省宏观税负率逐年降低，从2018年的17.87%降低至2021年的15.23%，降低了近3%，说明减税降费政策的落地生根，切实降低了市场主体的税收负担，为市场主体增添了活力与信心。

3. 微观企业税负显著下降。在安徽省税务部门的不懈努力下，企业税收负担持续下降。2021年全省新增减税降费334.3亿元，制造业、中小微企业、煤电和供热企业是最主要的受惠主体。2021年，全省各级税务部门累计办理出口退（免）税327.01亿元，同比增长7.6%，居中部省份第1位，为稳外贸稳外资提供了有力支撑。全面贯彻省委“一改二为五做到”的要求，紧盯外贸企业的难点、痛点、堵点，优化退税流程，精简退税资料，助力安徽省外向型经济高质量发展，为开放安徽（建设）贡献税务力量。实施鲜活农产品“绿色通道”减免政策，2013年以来已累计降低农产品企业高速通行成本94亿元。2020年疫情期间，按照国家统一部署，实行收费公路免费通行，累计免收通行费65.7亿元，切实保障了应急物资运输、纾解企业现实困难。

安徽省税务部门通过推行便利缴税、简化行政许可事项办理程序等举措为纳税人提供精准、高效、便捷的涉税服务，减轻企业缴税成本。为了进一步提升办税缴费便利度，进一步推行“网上办、简化办、合并办、延期办、提醒办”的“五办”服务，持续简化办税缴费流程，推广发票网上领取、免费邮寄的服务，全面简化办税流程，方便纳税人领用和开具发票。税务部门持续开展“我为纳税人缴费人办实事”以及“春雨润苗”专项行动，细化出台133条便民办税缴费举措，制作解读视频89个，开设“税务干部讲政策”直播课63场。全年安徽省税务局门户网站发布政策文件135条、解读62条、辅导视频79个，办理互动留言2474条。通过各项举措进一步提升营商环境，激发企业潜力，为企业赋能添力。

（二）地区完成情况

从全省下辖各市的宏观税负来看，2021年宏观税负率最高的三个城市分别是淮北市、黄山市和合肥市，这三个城市的宏观税负率均超过了16%，最高的淮北市宏观税负率达到19.08%；而全省宏观税负率最低的亳州市，宏观税负率仅为10.41%，差别很大。由表4-3可见，自2018年以来，亳州市宏观税负率一直都处于相当低的水平，排除地方性税收优惠政策因素，说明减税降费政策在亳州落实到位，效果明显。2018—2020年，安徽省各市的宏观税负率都发生了不小的变化，宿州市从2018年的18.22%

降至了2021年的10.79%,降幅为7.43%,在安徽省16个地级市中降幅最为明显;而减税降费效果最不明显的城市是淮北市,2018年与2021年相比,宏观税负率不减反增,由2018年的13%上升至19.08%,涨幅高达6.08%,成为安徽省宏观税负率最高的城市,表明淮北市减税降费的措施有待进一步落实与提升,需要结合当地实际情况,做出相应的调整。值得一提的是,合肥市、宣城市、铜陵市三个城市宏观税负率也是持续居高不下,尤其是宣城市,从2018年开始宏观税负率逐年上升,四年来宏观税负率上升了5.83%,减税降费效果有限。

表4-3 安徽省各市宏观税负率与排名

地区	2018		2019		2020		2021	
	宏观税负率/%	排名	宏观税负率/%	排名	宏观税负率/%	排名	宏观税负率/%	排名
合肥市	17.61	5	15.22	5	14.26	7	16.69	3
芜湖市	18.39	2	17.17	2	16.55	3	15.65	6
滁州市	17.98	4	12.28	14	11.78	15	12.82	12
阜阳市	18.41	1	13.02	13	12.56	12	13.60	10
宣城市	10.73	16	16.31	3	15.84	4	16.56	4
蚌埠市	17.15	6	15.41	4	15.28	5	14.14	9
马鞍山市	14.08	14	13.48	11	13.75	9	13.13	11
安庆市	16.21	8	13.51	10	13.03	11	11.75	13
六安市	15.91	9	13.59	8	13.86	8	15.02	8
亳州市	15.66	10	12.25	15	12.07	14	10.41	16
宿州市	18.22	3	10.17	16	10.20	16	10.79	14
黄山市	16.79	7	14.68	6	14.35	6	18.45	2
铜陵市	14.73	13	18.86	1	18.13	2	16.04	5

续 表

地区	2018		2019		2020		2021	
	宏观税负率/%	排名	宏观税负率/%	排名	宏观税负率/%	排名	宏观税负率/%	排名
淮北市	13.00	15	13.03	12	19.57	1	19.08	1
池州市	15.65	11	13.54	9	13.38	10	10.48	15
淮南市	15.27	12	13.63	7	12.17	13	15.04	7

从近几年城市平均宏观税负率看，2019年安徽各省城市平均宏观税负率下降明显，由2018年的15.9%降低至14.13%，是平均宏观税负率变化最明显的一年。2021年平均宏观税负率与2020年基本持平，2021年比2020年仅增长0.5%。由图4-1可知，除个别城市外，2019—2021年全省各市的宏观税负基本稳定，且基本保持相同的变化趋势，尤其是2019年和2020年，2021年各城市宏观税负波动稍大。2018年各城市宏观税负率曲线大部分在2019年、2020年和2021年之上，这说明安徽省大部分城市减税降费政策均取得了显著成效，尤其是2019年减税降费成效突出，2021年减税降费工作继续维持高效运作。

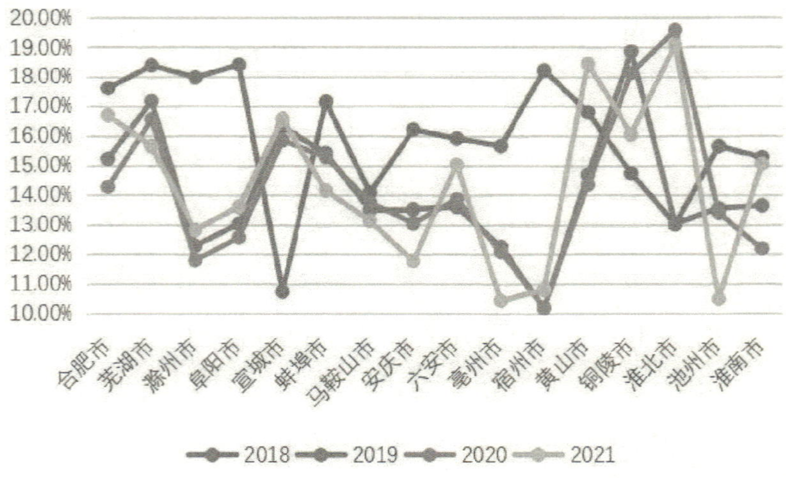

图4-1　2018—2021年安徽省各市宏观税负变化图

二、减税降费成效

(一)降低企业税负,促进市场营商环境优化

税负水平是评价营商环境的重要指标,也是事关市场主体切身利益、影响企业和人民群众获得感的重要因素。通过实施更大规模减税降费政策,各行业企业税负均实现了“只减不增”,企业负担明显减轻,生产成本持续降低。资料显示,规模以上工业企业每百元营业收入成本由2016年的87.6元下降至85.2元,主营业务利润率持续上升,从2016年的5%提升到6.2%[①];小微企业获得感明显增强,从增值税小规模纳税人提高起征点、小微企业减半征收企业所得税,到制造业中小微企业实施阶段性税收缓缴,一系列的普惠性政策使得小微企业的实际税负大大降低,有效增强了小微企业面对新冠肺炎疫情影响和经济下行双重压力的韧性。

从宏观税负看,如前所述,近年来安徽省宏观税负持续降低,减税降费政策取得了实质性的效果,有效降低了各市场主体的税收负担,企业应对市场风险的能力大大增强,进一步促进了实体经济的发展。2021年,安徽省支持小微企业发展税收优惠政策新增减税84.7亿元,增强了小微企业内生动力。通过允许企业提前享受前三季度研发费用加计扣除优惠,将制造业企业研发费用加计扣除比例由75%提高到100%,支持市场主体创新发展。对先进制造业企业按月全额退还增值税增量留抵税额,缓解制造企业资金压力。税务部门会同人社部门积极落实阶段性降低失业保险、工伤保险费率政策,以降低企业用工成本。

(二)激发市场活力,推动经济高质量发展

我国经济已由高速增长阶段转向高质量发展阶段,正处在转变发展

① 朱卓.为民生福祉“加码”,为经济发展“赋能”[N].安徽日报,2022-01-14(02).

方式、优化经济结构、转换增长动力的攻关期。减税降费作为深化供给侧结构性改革的重要举措,有力推动了经济高质量发展。企业创新能力不断增强,高新产业发展向好。

2021年,安徽省研发费用加计扣除比例提高等一系列促进科技创新的政策落地见效,一大批高新技术企业受到政策引导,加大科技创新力度,不断增强研发活力。一大批新兴行业蓬勃发展,创新已经成为安徽省发展的一张名片。2021年,全省研发费用加计扣除政策累计减税117.5亿元,惠及近3万户企业。全省高技术产业销售收入同比增长35.6%,两年平均增长29.3%。对外贸易增势良好,出口结构不断优化。2021年,全省各级税务部门支持企业更快捷、更方便享受出口退税政策红利,全省出口退税同比增速快于全国,领跑长三角和中部地区。能源结构逐步改善,绿色转型持续升级。水力、风力、太阳能和生物质能发电销售收入两年平均分别增长38.3%、32.5%、13.2%和12.9%,反映能源供应结构改善。2021年全省节能环保税费减免89.5亿元,同比增长17.5%,税费优惠政策支持力度加大。①

(三)涵养税源,培植壮大长远财源

减税降费政策通过降低市场主体经营成本,发挥税收调节经济的作用,是实践证明最为直接、最普惠的一项积极财政政策。与政府转移支付或者政府投资相比,减税降费并不是由政府根据市场主体的情况来分配资金,而是由纳税人根据政策的指引来完成投资或者消费,因而不会扭曲企业经营决策,社会效率损失更低。具体而言,减税降费一方面避免了政府分配过程中不可避免的盲目性,另一方面部分资金交由市场主体支配,提高了资金使用效率。减税降费不是为了解决某一问题的一时措施,虽然短期来看造成了财政收入一定比例的下降,但长远来看,减税降费涵养了税源,保护了纳税主体,将换来经济的长久健康发展和财政收入的持续

① 汤超.税费优惠激发市场活力[N].安徽日报,2022-02-16(07).

良性增加，壮大了未来可持续的财政来源。2021年，减税降费政策效果持续发力，安徽省市场主体稳步增长，就业容量持续扩大。新办涉税市场主体达37.4万户，同比增长8.7%。新办涉税市场主体中，领用发票、办理有税申报共28.7万户，占比达76.7%，经济活跃度高。新办涉税市场主体共提供就业岗位129.4万个，同比增长7.1%。

第四节　减税降费存在的问题及政策建议

一、减税降费存在的问题

（一）地区减税降费效果参差不齐

与安徽经济发展区域性差异相对应，减税降费的效果也随之呈现出地区差异。从安徽省税务局发布的数据看，安徽省2021减免税费金额位居前位的城市依然为合肥、芜湖、阜阳、滁州和宣城等市，占全省新增减税规模近六成。但各城市间宏观税负率也呈现较大差异，省内减税降费效果的地区性差异明显。究其原因，一是经济发展水平决定税费规模，进而影响新增减税降费绝对规模；二是财政分权体制下，地区为招商引资，在税收优惠或税收征管水平上会呈现一定的差异性，进而产生减税降费效果的区域性差别。

（二）减税降费政策带来地方财政压力

积极落实减税降费税收优惠政策是近年安徽省政府的一项重要工作任务，如何在保证地方财政收支平衡的前提下有效应对减税降费导致的财政收入减少问题，避免因减税降费影响政府财政支出质效，是安徽省当前各项工作的重点。减税降费给地方财政收支平衡带来压力，最主要的原因是：国家大规模减税降费政策的全面落实，使得全省财政收入大规模减少，但当地政府部门要求税收目标任务又要在上一年的基础上稳步增长，减税降费与财政收入增长之间的矛盾凸显。如果政府通过增加行政收费的方式来弥补财政收入缺口，这与减税降费的大背景相悖；如果任由财政收支不平衡，又势必会影响当地社会民生和经济发展，这与减税降费的宗旨不符，所以必须有效处理减税降费政策所带来的地方财政压力。

（三）减税降费政策的立法层级有待进一步提升

在目前的减税政策体系中，大多数减税降费政策都是由国家税务总局或安徽省税务局以通知的形式发布，主要是针对某一领域某一行业在一段时间内进行的税收减免，文件法律层级较低。当前的减税降费政策是针对原有的优惠政策进行的修改和补充，而且不少政策是针对某一特殊情况而制定的，具有时效性和应急性。例如，针对新冠肺炎疫情的一系列税收优惠政策，具有明显的地区和实效特征。同时，这种减税政策很有可能随着应急事项的解除或者经济水平的好转而取消，因此可能会导致纳税人出现获得感不足的假象。

（四）税务机关的纳税服务水平有待提升

随着大规模推行减税降费政策，各种政策文件频频下发，给政策落实以及税务征管都造成了巨大的压力。一是缺乏统一规范的征管细则和操作流程范本。政府在下发相关税收优惠政策的同时很少配备相应的细则或操作范本，这不可避免地会造成基层政府在政策落实过程中出现偏差或失误，加上各级税务机关的规模和公务人员素质也不相同，烦冗的政策文件增加了税务人员的学习成本，一定程度上降低了征管效率和纳税服务水平；二是现有的税收征管模式难以适应多变的税收政策。组合式的税收政策要求税务机关针对不同类型和不同规模的企业采用灵活的税收征管模式以适应复杂多变的征管现状，但目前固定完整的税务组织机构尚未完成扁平化管理改革。

二、进一步完善减税降费的政策建议

（一）推进地区协调发展，实现地区税负均衡

目前，安徽省持续推进合芜蚌国家自主创新示范区、合肥综合性国家科学中心、合肥滨湖科学城和全面创新改革实验省的“四个一”创新主平台建设，为全省深入实施创新驱动发展战略提供了强大的助力。针对省内不同地区科技创新水平差异明显的问题，在支持科技创新的税收政策方面，应加大对创新示范城市之外的经济发展和创新水平较为落后地区的税收扶持力度，以加强创新示范区对周边的辐射带动作用，激发全省其他地区的创新发展潜力。同时，应合理探求城市间的共同发展需求，打破常规界限，以新兴产业带动传统产业，促进发展薄弱地区产业转型，实现地区间优势互补。

（二）增加地方财政收入，促进地方财政收支平衡

减税降费是现阶段我国必须长期执行的一项财税政策，这就要求我们必须建立起减税降费政策实施的长效机制。为避免地方财力不足，各级政府必须建立起事权与支出责任相匹配的财政制度。一是要明确地方税收来源，重构地方税体系，保证地方财政收入稳定、持续。为保障地方财政收支平衡，中央政府可以适当放松地方财税立法权，为地方政府财政收入稳定提供法律保障。二是进一步完善转移支付制度，持续推进分税制改革，缓解地方政府收支不平衡带来的财政压力。三是适时开征地方性税种，助力地方政府培本扩源。适时开征房地产税、遗产税等地方性税种，避免因财政收入不足而盲目增加非税收入或地方无节制发债形成的债务危机。

（三）强化综合配套政策措施，实现减税降费政策长期化

一是在系统梳理和分析现有政策效应的基础上，综合考虑政策效应传导时间及纳税人学习应用成本，尽可能使得一项税收优惠政策能够较长时间得到延续，尽可能地出台长期利好政策以便达到稳定的减税环境。应及时整理相关政策文件，对于符合条件的逐步上升法律层级，保证减税降费政策的规范性和有效性。

二是强化与减税降费配套的征管措施，通过综合运用各种措施，加强对地方工作指导和督促，严肃组织收入工作纪律，严格按法规和政策规定征收税费，加大各类违规涉企收费整治力度，严肃查处政策不落实、增加企业负担、损害群众利益等问题，确保各项措施落实到位。

三是在减税降费的同时，尽可能地兼顾地区经济发展的现实情况，最好是与扩大地方产业，优化市场营销环境，促进市场公平等方向同步，以便形成政策的利好叠加。

（四）持续增进纳税缴费便利，提升纳税服务水平

一是深化“非接触式”办税缴费。开展电子税务局集中优化行动，大力推进税费事项“网上办”“掌上办”“自助办”，全面落实税务总局发布的214项“非接触式”办税缴费清单（不涉及我省的7项业务除外），并结合全省实际加以拓展。

二是推进办税缴费便利化改革。认真落实《优化营商环境条例》及我省实施办法、深化“放管服”改革及优化税收营商环境两个五年方案。具体的便利化改革措施包括：（1）强化政策宣传解读，实行重大税费优惠政策“一政一讲、一措一谈”，实现税收优惠政策与征管办法的同步发布，防止因信息不对称而带来的纳税人错漏税收优惠的情况，增强政策落实的实操性与确定性；（2）建立政策精准推送机制，深入分析咨询热点，及时制作有针对性的培训辅导产品，依托电子税务局或税企直联互动平台，运用

大数据匹配适用的纳税人缴费人，实现精准推送；(3)建立税费优惠政策标签体系，深化大数据分析应用，要主动识别纳税人可以适用的各项税收优惠政策并进行精准推送；(4)简化税费优惠办理手续，持续扩大“自行判别、自行申报、事后监管”范围，免除因享受税收优惠而带来的各项纳税成本，推行“免申即享”政策落实模式，确保便利操作、快速享受；(5)强化政策宣传和落实，通过门户网站、微信公众号、短信、网络直播等线上方式持续向纳税人、缴费人推送税收优惠政策以及具体的征纳细则。探索短视频等新媒体手段，进一步扩大宣传覆盖面，使政策的宣传盲区达到最小化。建立多部门联合宣传机制，召开专题政企对接会等，通过网格化对接帮扶，帮助纳税人尤其是小微企业和个体经营者及时、快速、全面获取可享受的税收优惠政策。

第五章　安徽省财政可持续性分析：基于减税降费视角

随着我国迈入新时代，经济发展由高速发展阶段转向高质量发展阶段。但在严峻的外部环境和内部有效需求不足共同作用下，叠加新冠肺炎疫情的暴发与反复，经济发展面临着严重的下行压力。为应对这一困局，促进经济高质量发展，中央相继出台了“营改增”、降低增值税税率、小微企业所得税减半征收、个人所得税专项扣除、降低社保费率、增值税留底退税等一系列减税降费政策。2021年12月30日，在北京举行的全国税务工作会议指出，在“十三五”期间全国累计减税降费规模超过7.6亿万元的基础上，2021年全国全年新增减税降费预计超过1亿万元，宏观税负也由2012年的18.7%预计降至2021年的15.2%左右；同时，2022年政府工作报告也指出要继续提高减税降费减免幅度及适用范围，预计全年退税减税约2.5万亿元。就安徽省而言，根据省财政厅公布的数据，2021年全省新增减税降费超300亿元，约占全省全年一般公共预算收入的8.58%，相当于省级一般公共预算收入的1.16倍。实施大规模的减税降费，对于企业来说切实减轻了税负，增加了留存利润，提升了行业的经济效益；对于个人来说，也增加了个人的可支配收入。

因此，在微观层面上实施减税降费政策，有助于激发经济市场的活力，增强经济发展的动力，为供给侧结构性改革提供助推力；但是从中宏观的角度出发，地方政府以有限的财力实施落实规模巨大、范围广泛且旷日持久的减税降费政策，将导致地方政府的财政压力骤升、财政收支缺口进一步扩大，因而对地方政府财政可持续性产生强烈的负面冲击。

自2016年全面“营改增”以来，虽然减税降费政策的内涵不断扩大，但从总体来看，大规模的减税降费是以增值税、所得税为核心，辅以行政事业性收费、政府性基金及社保收费。在财政分权体制的背景下，我国现行财税体系中增值税是中央与地方五五分成的共享税，但基于增值税的诸如教育费附加等财政收入是属于地方政府所有，而所得税采取的是中央与地方一三分成的方式。此外，在减税降费政策的实施中，减税重点对象是小微企业，而小微企业税收管辖权几乎都归地方政府，而降低甚至取消的行政事业性收费、政府性基金及社保收费项目则主要是原属地方政府的财政收入，因此实施减税降费政策的绝大部分税收支出负担是由地方政府承担的，这导致地方政府的财政收入大幅缩水。同时，地方政府又面临财政支出刚性、公共财政支出惯性增长等方面的问题。财政收入缩水与财政支出刚性增长并存，导致地方政府财政收支的缺口急剧增加，从而致使地方政府财政可持续性面临着极大挑战。地方政府财政可持续、高质量的运行不仅是一个国家进行社会治理的基础与重要支柱，更是维护地区经济平稳发展与社会稳定的重要保障。因此，如何在推动减税降费的同时，确保地方政府财政是可持续的，是当前我们必须面对且须需解决的重大课题。本章以安徽省为例，探讨在减税降费背景下，地方政府财政可能存在的问题，并就如何保持地方财政可持续性提出了一些建议，为同类地区保持财政可持续提供一个可供借鉴的参考。

第一节　财政收支形势分析

伴随着一系列大规模减税降费积极财政政策的出台与实施，安徽省的财政收入与财政支出发生了不同程度的变化，财政收支矛盾和地方政府财政压力进一步加大。为应对地方财政收支缺口，一方面要调整存量，另一方面要开源节流，增强财政可持续性。

一、财政收入增速变化情况

由于减税降费负担的绝大部分由地方政府来承担，因此减税降费政策实施的最直接的影响就是地方政府财政收入减收，进而导致地方政府可支配财力的下降。2021年安徽省地方政府一般公共预算收入3498.19亿元，同比增长8.77%，较2019年同期两年平均增长4.8%，财政收入增速有所好转。就2020年数据来看，较2019年增速下降3.4%。这一方面是由于新冠肺炎疫情的影响，但减税降费政策所产生的影响亦不可忽视，2019年一般公共预算收入增速相比上年亦下降4%。就财政收入增速下降的因素来看，主要是由于税收收入增速的下降所致。2020年，安徽全省实现税收收入2199.52亿元，增长-0.46%；非税收入1016.48亿元，增长4.47%。为排除新冠肺炎疫情的影响，就2019年数据来看，税收收入增速回落9.33%，而非税收入增速则增加9.0%。2012—2021年安徽省一般公共预算收入增速情况，见图5-1。

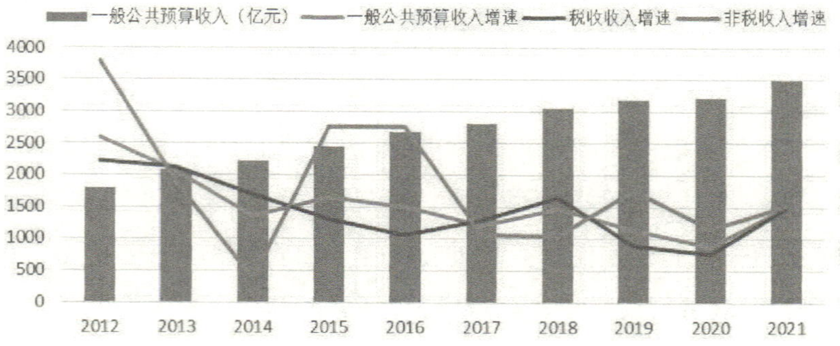

图5-1　2012—2021年安徽省一般公共预算收入增速情况

数据来源：根据历年《安徽统计年鉴》及安徽省财政厅公布的数据整理。

二、财政支出增速增长变化情况

财政支出，尤其是涉及民生问题的财政支出不仅具有刚性，而且还具有惯性增长的特点。尽管在实施大规模减税降费政策以来，地方政府财政收入增速放缓，甚至出现下滑趋势，然而财政支出的减支空间并不大，甚至还会增长。2021年，安徽省一般公共预算支出7592.1407亿元，同比增长1.59%，增速较上年下降0.49个百分点，其中受新冠肺炎疫情的影响较大。为排除疫情的影响，自2019年数据来看，安徽省一般公共预算支出增速为12.5%，较上年增长6.6个百分点。上述情况表明，地方政府财政支出具有刚性及惯性增长的特征。在财政支出中，涉及民生的支出占比通常比较大，一般而言在80%左右。随着民众对医疗、教育、环保、就业等需求的不断增加，财政支出对相关支出的支出幅度亦不断增加，再加上债务还本付息支出等因素，财政刚性支出的需求在不断加大。同时，在整体经济面临着严重的下行压力的情况下，民间投资亦会处于低迷状态，为带动经济增长，政府基建需要进行逆周期投资，因此政府基建投资会有一个较快的增速，从而进一步加大了政府财政支出负担。2012—2021年安徽省一般公共预算支出增速情况，见图5-2。

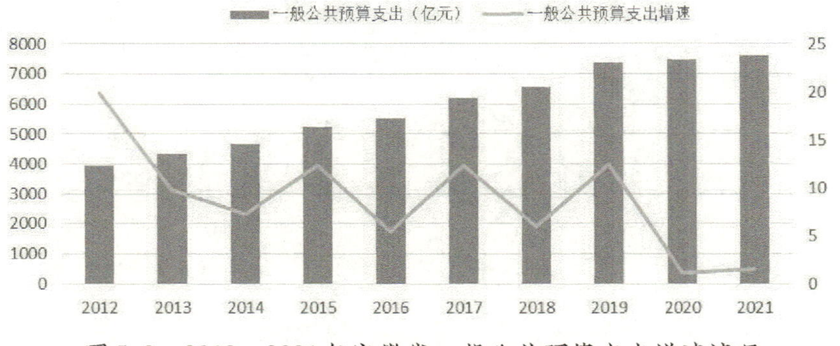

图5-2　2012—2021年安徽省一般公共预算支出增速情况

数据来源：根据历年《安徽统计年鉴》及安徽省财政厅公布的数据整理。

三、财政收支对比分析

地方政府在各种减收增支因素的作用下，其财政收支矛盾亦愈加突出。2021年安徽省全省一般公共预算收入3498.1949亿元，一般公共预算支出7592.1407亿元，一般公共预算收支缺口高达4093.9458亿元。在现行央地财政分权的财税体制下，地方政府的一般公共预算的缺口主要通过中央对地方的转移支付和发行债务来进行弥补。2021年中央对安徽省转移支付金额为3580.1388亿元，剔除中央转移支付后，地方政府一般公共预算收支缺口亦高达400余亿元。从地方政府财政收支增速上来看，2021年一般公共预算收入同比增长8.77%，一般公共预算支出同比增长1.59%，看似财政收支缺口问题得以扭转，然而这一方面是由于受新冠肺炎疫情影响，2020年财政收入降幅较大所导致的数据幻觉，另一方面收入基数也远远低于支出基数。同时，就2019年数据来看，一般公共预算支出增速为12.5%，比一般公共预算收入增速4.4%高了8.1个百分点，这是一个非常显著的增速缺口。2012—2021年安徽省一般公共预算收支情况，见图5-3。

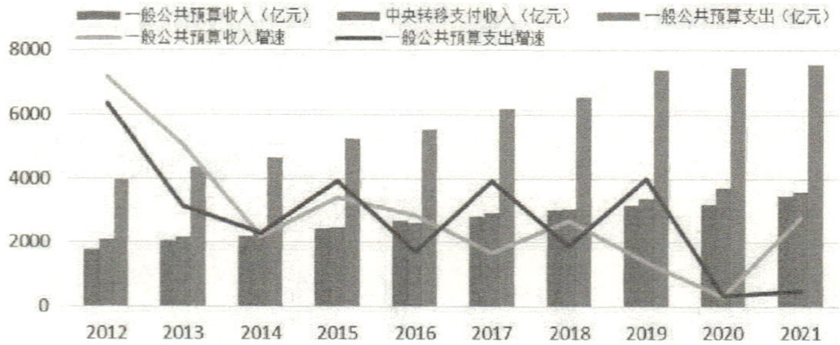

图5-3　2012—2021年安徽省一般公共预算收支情况

数据来源：根据历年《安徽统计年鉴》及财政预决算报告数据整理。

随着地方政府财政收支矛盾的不断加剧，地方政府财政可持续性所遭受的压力亦在不断加大，在这种情况下，不仅地方政府财政资金的统筹平衡能力面临着极大的考验，而且地方的经济发展亦会受到一定程度上的影响。但是就经济社会发展阶段而言，这些影响都是短期的，从长期经济发展来看，减税降费政策的实施在微观层面上能够切实为企业主体减负，增加企业主体的利润留存，激发市场主体活力，进而提升企业研发创新能力及市场竞争能力；在宏观层面上，还能够优化地方营商环境，推动经济有效的运行，从而促进地方经济发展，实现放水养鱼，夯实税基，拓展税源的目标，提升地方政府的财政收入和地方政府财政可持续性。

第二节　财政可持续性的影响分析

减税降费政策的实施有其时代的必须性，财税体制现代化作为财政可持续必要的先决条件，是任何一个国家和地区实现财政可持续进程中都不可忽视的因素。因此，为确保我国地方政府财政可持续发展，必须要以完善现有财政体制和实施积极财政政策为两项抓手。一方面，通过完善现有财政体制来激发地方政府的积极性，培育提高地方政府财政的自我造血能力；另一方面，通过持续实施以减税降费为代表的积极财政政策，激活市场活力，深化推动供给侧结构性改革，放水养鱼，做强市场，夯实财政收入增长的基础。然而，鉴于我国当前地方政府财政预算管理不健全和地方税体系缺失的现状，减税降费政策的实施也势必会对地方政府财政状况产生巨大的负面冲击。

贾康等人在借鉴蒙代尔“不可能三角”概念基础上，开创性发展出的“财政不可能三角”表明，减少税收、增加公共福利和控制政府债务及赤字水平三大目标，至多只能同时实现其中两项。因此，在财政支出刚性和公共财政支出惯性增长的情况下，实施大规模的减税降费政策，必然致使地方政府负债率的上升，从而影响地方政府财政可持续性。

一、减税降费对地方政府财政可持续的消极影响

宏观上，在央地财政分权、财权与事权不相适应的财政制度安排的背景下，减税降费政策的实施将在短期内直接减少地方政府的财政收入，使

得地方政府因财政缺口进一步扩大而承受巨大的财政压力，尽管中央政府在推出减税降费政策前已经做过充分的评估，但这些评估基本上是出于国家角度的全局性考虑，具体到地方，潜在财政风险依然存在；地方政府虽然也会鉴于有限的财力可预见的减少而在一定程度上对财政支出进行控制与缩减，但占财政支出极大比重的民生性支出又具有刚性和惯性增长的特性，致使地方政府在支出削减上主要从其主导的靠财政资金补贴的公共物品工程项目入手，因此将导致这些公共物品工程项目不能顺利完工，进而影响该地方经济事业发展，使得政府财政状况陷入恶性循环。地方政府在这种财政困局下，为正常发挥其职能，必须采取一定的措施对财政支出缺口进行弥补，因此地方政府动力去寻求其他收入源，而在减税降费的背景下，发行债务进行融资便成为地方政府的首选，甚至可以说是最佳的唯一的选择。尽管地方政府的发债有颇多的限制，但面对现实需要，地方政府仍可通过各种方法实现大规模债务融资，导致地方政府负债规模的不断攀升，系统性财政金融风险不断累积，大大降低了地方政府的财政可持续性。因此，研究认为减税降费在短期对地方政府财政可持续性产生消极影响。

二、减税降费对地方政府财政可持续的积极影响

微观上，减税降费政策的实施，切实降低了当前市场经济主体的生产成本。一方面，现有市场经济主体有充足的动机与资金进行投资再生产；另一方面，经济效益的提升也给尚未“入场”的投资者创造了恰当的“入场”机会和充足的“入场”动力，从而激发市场活力、促进经济发展、拓宽税收基础。同时，减税降费对市场经济主体而言也能缓解其融资约束，提升其创新动力与创新投入，从而提升市场经济主体的全要素生产率。此外，减税降费政策还能引导企业进行更高水平的专业化分工，促进地区产业升级发展。因此，实施减税降费政策可以通过在一定程度上减轻市场经济主体的税收负担，增加市场经济主体的可支配资金，让市场经济主体在

资源配置上发挥更重要的作用,从而激发市场活力,刺激企业进行投资再生产及研发创新,提升企业的发展能力,进而推动地方经济增长,提高地方政府的财政收入,达成经济增长与财政收入提升的良性循环,提升地方政府财政可持续性。综上所述,我们认为实施减税降费对地方政府财政可持续性具有积极的促进作用。

第三节 财政可持续性影响的实证检验

一、模型设定与变量选取

(一)模型设定

基于前文分析,减税降费对地方政府财政可持续性有着较为复杂交错的影响,为考察减税降费对地方政府财政可持续性的影响效果及作用机制,本章建立了静态与动态两个基本模型。其中,模型(1)为静态模型,考虑到地方政府财政可持续性可能具有一定的惯性,本章模型(1)的基础上加入财政可持续性的一阶滞后项,构造动态模型(2)。

$$Fs_{it} = \alpha_0 + \alpha_1 Tc_{it} + X_{it}\beta + \lambda_i + \varepsilon_{it} \tag{1}$$

$$Fs_{it} = \alpha_0 + \alpha_1 Tc_{it} + \alpha_2 Fs_{it-1} + X_{it}\beta + \lambda_i + \varepsilon_{it} \tag{2}$$

其中,i表示地市个体,t表示年份时间;被解释变量Fs代表地方政府的财政可持续性;解释变量Tc代表地方政府减税降费变量;X表示系列控制变量组成的行向量集合,β表示对应的控制变量的系数的列向量集合;λ代表个体效应,ε为随机误差项。

(二)变量选取

1.被解释变量。地方政府财政可持续性作为本章的研究主旨,是本章要解决的核心问题。采用第三节第二部分测度的“有效财政空间”作为代理变量。

2. 核心解释变量。减税降费，根据前文的分析可知，目前学术界关于减税降费的衡量指标尚未有统一衡量指标。宏观上有学者采用宏观税负、税收增长率来衡量，也有学者采用税收总收入或部分特定税种收入之和的自然对数来衡量，微观上学者通过测算纳税主体的有效税率反映减税成效，这些研究结果较为一致地证实了减税会影响地方财政收入的变化，而且减税降费政策造成的减收中，税收收入减收所占比例较大。因此，我们参照马海涛等的做法，将营业税、增值税与所得税之和的自然对数作为减税降费的代理变量。同时，考虑到所得税在税收收入中的占比较小，为进行稳健性检验，另将营业税、增值税之和的自然对数作为减税降费衡量指标之一。

3. 控制变量。在借鉴学术界现有的研究成果的基础上，选择了以下七个财政、经济等方面的控制变量：(1)地方政府负债率，以地方政府债务余额与当年地方地区生产总值(GDP)总量的比值来表示；(2)实际GDP增长率，通过对名义GDP经GDP价格指数(2012年为基期)进行平减后计算所得；(3)财政支出效率，根据本章第四节第一部分所测；(4)工业化程度，借鉴庞瑞芝等(2021)的研究经验，采用第二产业增加值与地区生产总值的比重来表示；(5)财政缺口率，借鉴储德银和邵娇的研究，将其定义为一省一般公共预算收支中的支出缺口占一般公共预算支出的比值；(6)土地财政，借鉴储德银、邵娇、储德银、费冒盛等的经验，将土地出让金经GDP平减指数(2012年为基期)平减后取自然对数作为地方政府土地财政的代理变量；(7)转移支付，借鉴吕炜、邵娇、储德银、费冒盛等的处理方式，采取经GDP平减指数(2012年为基期)平减后的转移支付的自然对数来衡量。

表5-1　变量定义及说明

类型	名称	符号	计算方式或说明
被解释变量	财政可持续(*Fs*)	*Fs1*	第四节利用DEA-Malmquist指数作为财政支出效率测算所得
		Fs2	第四节利用SE-DEA所测财政支出效率进行测算所得
核心解释变量	减税降费(*Tc*)	*Tc1*	增值税与营业税的自然对数
		Tc2	增值税、所得税与营业税的自然对数
控制变量	地方政府负债率	*Debt*	政府债务余额/当期GDP总量
	实际GDP增长率	*GDPR*	当期实际GDP增量/上期实际GDP总量(2012年为基期)
	财政支出效率	*Fe*	第四节利用DEA模型所测
	工业化程度	*Ind2*	第二产业增加值/当期GDP总量(%)
	财政缺口率	*Fgr*	$\frac{\text{一般公共预算支出}-\text{一般公共预算收入}}{\text{一般公共预算支出}}$
	土地财政	*Landf*	土地出让金经GDP平减指数(2012年为基期)平减后取自然对数
	转移支付	*Tra*	经GDP平减指数(2012年为基期)平减后的转移支付的自然对数

(三)数据来源与变量的描述性统计

综合考虑数据的可获得性及数据回归结果“保真”程度,避免因样本过少导致回归结果的不可信,本章在进行实证研究时将样本扩展至与安徽省经济发展水平及地理位置相近的中部六省82个地市2012—2020年面板数据进行实证研究。其中,地方政府债务、转移支付数据主要来自历年各地级市财政预决算报告;财政盈余的数据是借鉴杜彤伟等及邓晓兰和许晏君等利用一般公共预算收支及转移支付数据计算所得;土地出让金数据来源于《中国国土资源年鉴》(2010—2018)及汇总整理中国土地市场网日频成交额；历年城投债加权平均利率是利用Wind数据库所获取历年城投债发行明细后进行数据处理所得；其他基础数据利用EPS数据库获取，并利用各省及各地市统计年鉴(2012—2021)加以补充。各变量的描述性统计如表5-2所示。

表5-2　变量描述性统计

变量	符号	观测值数	均值	中位数	标准差	最小值	最大值	1%分位	99%分位
财政可持续性	Fs1	656	1.005	1.011	0.108	0.496	1.297	0.689	1.229
	Fs2	656	0.833	0.829	0.160	0.486	1.392	0.532	1.252
减税降费	Tc1	738	3.913	3.812	0.667	2.094	6.690	2.728	6.173
	Tc2	738	3.671	3.585	0.650	1.653	6.280	2.460	5.716
地方政府负债率	Debt	738	0.163	0.153	0.090	0.009	0.684	0.024	0.422
实际GDP增长率	GDPR	738	7.371	7.320	0.635	5.826	9.560	6.068	9.329
财政支出效率	Fe	738	0.952	0.953	0.073	0.688	1.258	0.778	1.155
工业化程度	Ind2	738	47.626	47.344	9.146	14.736	73.440	24.311	68.489
财政缺口率	Fgr	738	0.577	0.581	0.152	0.063	0.877	0.134	0.819
土地财政	Landf	738	4.125	4.066	0.993	1.048	7.354	1.901	6.850
转移支付	Tra1	738	5.030	5.095	0.602	3.264	6.927	3.557	6.155

二、地方政府财政可持续性衡量指标测度

关于地方政府财政可持续性衡量指标的选取，本书参考Ostry等的做

法，采用“财政空间”这一概念，并利用非线性财政反映函数测度各地市“财政空间”。同时为更全面地反映和比较不同地市之间财政空间的差异，借鉴杜彤伟等的做法，在“财政空间”的基础上引入财政支出效率指标，形成“有效财政空间”的概念，用以作为地方政府财政可持续的代理变量。本章采取的“有效财政空间”的计算公式如下：

$$Fs_{it} = \frac{Debt_{it}^{*} - Debt_{it}}{\frac{1}{Fe_{it}}} = Fe_{it} \times (Debt_{it}^{*} - Debt_{it}) \tag{4}$$

其中，i和t分别代表省份个体与年份时间，Fs表示“有效财政空间”；$Debt^{*}$表示根据模型估计的可持续负债的负债率上限值，$Debt$表示实际负债率；Fe是代表财政支出效率。

（一）地方政府财政支出效率指标的测度

关于财政支出效率指标的测度国内许多学者进行了大量研究，拥有丰富的文献资料。总体来说，测度方法上主要有参数法与非参数两类，其中以DEA模型为主流，根据研究目标的不同，投入产出指标的选取主要分为两类：一是以财政总支出或人均财政支出衡量投入，以多种类型的目标衡量产出，对地方政府财政支出总效率进行测度。二是以分类财政支出作为投入，设立多级产出目标，求分类财政支出效率及财政支出总效率。但多阶段DEA法进行效率评估时，过多的有效决策单元将影响结果的可信度。因此本章借鉴陈诗一、张军、孙玉栋、席毓等的研究，将人均一般公共预算支出选取为投入指标，同时选取的经济效益指标人均GDP，社会效益指标千人中小学教师和年末人均道路面积，兼顾社会效益与经济效益指标的千人医疗机构床位数和千人医疗机构人员数五个指标作为产出指标。同时，鉴于DEA-Malmquist指数方法能基于面板数据比较好地反映不同地区相对生产率的变化，本章采取DEA-Malmquist指数衡量各地市财政支出效率，并另外测算超效率DEA（SE-DEA）指数用以稳健性检验。

（二）地方政府“有效财政空间”指标测度

通过对现有的关于地方政府财政可持续性文献的研究，本章借鉴杜彤伟、邓晓兰等的研究方法，以地方财政基本盈余率作为被解释变量、地方政府负债率作为核心变量，对包含三次项的非线性财政反应函数进行估计获得地方政府可持续的负债率上限，然后根据式（4）求得地方政府“有效财政空间”，以判断地方政府的财政可持续性。鉴于地方财政基本盈余率是具有一定惯性的，因此本章在原财政反应函数的基础上，将地方财政基本盈余率的一阶滞后项加入其中。同时，在财政收支矛盾日益激化背景下，财政支出效率成为一项极为重要的关键指标。本章亦将财政支出效率指标引入财政反应函数之中，构造如式（5）所示的非线性财政反应函数。如此一来，利用新的财政反应函数测算的财政空间，更能体现地方政府财政可持续性程度及质量。

$$\begin{aligned} cz_{it} = {} & \alpha_0 + \alpha_1 Debt_{it-1} + \alpha_2 Debt_{it-1}^{\ 2} + \alpha_3 Debt_{it-1}^{\ 3} + \alpha_4 cz_{it-1} \\ & + \alpha_5 Fe_{it} + Y_{it}\xi_{it} + \lambda_i + \varepsilon_{it} \end{aligned} \tag{5}$$

其中，i 和 t 分别代表省份和时间，$Debt$ 为负债率，定义同第三节；cz 为地方政府财政盈余率，用地方政府财政收支差值占GDP的比值表示；Fe 为地方政府财政支出效率，为本节第一部分所测数据；Y 代表控制变量集合，参考现有研究成果，选取了产出缺口（$Yvar$）、财政缺口率、实际人均GDP增长率（$Pgdpr$）、产业结构、对外开放程度以及固定资产增长率等指标。其中产出缺口是采用H滤波法测得；产业结构采取第三产业增加值与第二产业增加值的比值表示；实际GDP增长率是经GDP平减指数平减处理（2012年为基期）后得到，其他变量定义与第四节相同；λ 代表个体效应，ε 则为随机误差项。

表5-3的回归结果中，模型（1）与模型（2）是利用负债率对被解释变量进行线性估计，可以发现无论基础财政盈余的统计口径是否包含了转移支付，负债率的系数均显著为负值，表明当前政府负债对财政盈余不存

在正向反馈机制的，地方政府采取的财政行为不具备可持续性。对于这一结果，可以说意料之外，但也是情理之中。2015年新《预算法》出台以前，地方政府为满足其“竞争型财力”的需求，往往作为“担保人”或“救助者”的角色，通过投融资平台在预算外进行大规模的举债融资，而由于这种举债融资行为缺乏有力监管，导致地方政府虽然明知可能面临财政兜底的风险，但仍缺乏对此类债务采取措施加以控制、积极建立正向财政反应激励的约束与动力。模型(3)和模型(4)中反映了地方政府非线性财政反应函数的情况，可以发现，无论财政盈余采用哪种统计口径，负债率的一次项、二次项及三次项的系数均在1%显著性水平上显著，表明地市级政府的财政反应函数确实是非线性的。相对而言，包含转移支付的财政盈余更符合现实情况，因此本章将以模型(4)的结果为准。

表5-3 财政反应函数回归结果

变量	线性		非线性	
	(1)-cz1	(2)-cz2	(3)-cz1	(4)-cz2
L.cz1	0.2080***		0.4469***	
	(0.0272)		(0.0234)	
L.cz2		0.2318***		0.2418***
		(0.0264)		(0.0252)
L.Debt	-0.0404***	-0.0200**	-0.1624***	0.1418***
	(0.0046)	(0.0079)	(0.0350)	(0.0306)
$L.Debt^2$			0.5773***	-0.5695***
			(0.1319)	(0.1053)
$L.Debt^3$			-0.6563***	0.5129***
			(0.1361)	(0.1068)
Fe	0.0673***	0.0361***	0.0659***	0.0357***
	(0.0042)	(0.0045)	(0.0042)	(0.0044)

续 表

变量	线性		非线性	
	(1)-cz1	(2)-cz2	(3)-cz1	(4)-cz2
Fgr	-0.1801***	-0.1311***	-0.1808***	-0.1329***
	(0.0089)	(0.0097)	(0.0087)	(0.0098)
Yvar	0.0376***	-0.0471***	0.0345***	-0.0483***
	(0.0076)	(0.0063)	(0.0066)	(0.0073)
Ind	-0.0130***	-0.0083***	-0.0136***	-0.0097***
	(0.0028)	(0.0017)	(0.0027)	(0.0019)
Open	-0.0002	-0.0289**	0.0065	-0.0353***
	(0.0097)	(0.0118)	(0.0102)	(0.0118)
Rfefd	-0.2790***	-0.1083***	-0.2844***	-0.1166***
	(0.0258)	(0.0360)	(0.0260)	(0.0370)
Pgdpr	0.0332***	0.0085***	0.0350***	0.0071**
	(0.0023)	(0.0028)	(0.0027)	(0.0028)
_con	-0.2390***	0.0095	-0.2492***	0.0199
	(0.0184)	(0.0271)	(0.0210)	(0.0278)
AR(2)	0.5443	0.3812	0.4943	0.4852
Sargan	0.062	0.1235	0.065	0.084
Observations	574	574	656	656
回归方法	SYS-GMM	SYS-GMM	SYS-GMM	SYS-GMM

注:***、**和*分别表示在 1%、5% 和 10% 的水平下显著,小括号内为回归系数的稳健标准误,AR(2)和 Sargan 显示的为 p 值;cz1 和 cz2 分别表示转移支付和包含转移支付的地方政府基础财政盈余。

对模型(4)所代表的财政反应函数对政府负债率求偏导可知，当地方政府负债率不低于15.84%时，负债率的上升将无益于地方政府基础财政盈余的增长，而就2020数据来看，安徽省16个地级市中，除了合肥市(11.40%)和淮北市(15.50%)负债率低于临界值外，其他14个地级市负债率均高于临界值，最高达到42.23%(六安市)，表明安徽省当前地级市政府“财政疲劳”现象，政府负债水平上升将会进一步恶化地方政府的财政收支状况。

对于式(5)而言，地方政府为保持财政可持续，需满足的预算约束为临界条件为：

$$Debt_{it} - Debt_{it-1} = cz_{it} - r_{it}Debt_{it-1} \tag{6}$$

当地方政府负债率达到上限时，式(6)将恒等于0，若用$f(x)$表示x的一元三次函数，则在这种情况下将式(6)代入式(5)可以得到：

$$f(Debt_{it-1}) + (\alpha_4 cz_{it-1} - r_{it})Debt_{it-1} + \alpha_5 Fe_{it} + Y_{it}\xi_{it} = 0 \tag{7}$$

在方程(7)中，r_{it}表示i市第t年的利率。本章采取Wind数据库2012—2020年城投债发行票面利率加权平均值来表示，其他变量定义和上文相同。结合模型(4)即可计算出各地市的可持续最大负债率，将其代入式(4)即可得出各地市“有效财政空间”。如表5-4所示，将各地市“有效财政空间”的均值按照从大到小排列，我们可以发现，绝大多数地市的真实负债率远低于该地区的财政可持续的最大负债率，尚有充足的财政空间进行财政调整以建立地方财政正向的反馈机制，提升地方政府的财政可持续性。

表5-4　2013—2020年安徽省地级市有效财政空间均值排名

地区	最大负债率	有效财政空间	排名	地市	最大负债率	有效财政空间	排名	地区	最大负债率	有效财政空间	排名
淮北	1.3303	1.0117	1	蚌埠	1.3218	0.8842	7	六安	1.426	0.7021	13
淮南	1.3129	0.9772	2	马鞍山	1.2486	0.877	8	池州	1.3901	0.6298	14

续 表

地区	最大负债率	有效财政空间	排名	地市	最大负债率	有效财政空间	排名	地区	最大负债率	有效财政空间	排名
合肥	1.2482	0.9443	3	宿州	1.3958	0.8295	9	宣城	1.3722	0.5719	15
亳州	1.3733	0.9202	4	铜陵	1.3593	0.7769	10	黄山	1.4228	0.5673	16
芜湖	1.232	0.8888	5	滁州	1.34	0.7226	11				
阜阳	1.3949	0.8868	6	安庆	1.3942	0.7081	12				

三、实证模型回归结果与分析

（一）回归结果分析

基于上述研究与分析，本部分将采取静态固定面板和动态面板估计方法对式（1）和式（2）进行估计，结果如表5-5所示。

表5-5 基准回归结果

变量	模型（1）	模型（2）	模型（3）	模型（4）	模型（5）	模型（6）
财政可持续一阶滞后项（L.Fs1）	—	—	0.0201*	0.0247**	0.0177***	0.0229***
	—	—	（0.0117）	（0.0109）	（0.0046）	（0.0061）
减税降费（Tc1）	−0.0054*	−0.0072**	−0.0033	−0.0065*	0.0164***	0.0079***
	（0.0033）	（0.0031）	（0.0038）	（0.0035）	（0.0016）	（0.0020）
转移支付（Tra1）	−0.0157***	−0.0174***	−0.0194***	−0.0204***	−0.0403***	−0.0364***
	（0.0055）	（0.0051）	（0.0068）	（0.0062）	（0.0022）	（0.0022）

续 表

变量	模型(1)	模型(2)	模型(3)	模型(4)	模型(5)	模型(6)
地方政府负债率(Debt)	-0.9923***	-0.9954***	-0.9833***	-0.9865***	-1.0014***	-0.9906***
	(0.0167)	(0.0163)	(0.0187)	(0.0178)	(0.0063)	(0.0081)
实际GDP增长率(GDPR)	0.0022***	0.0019***	0.0021***	0.0018***	0.0023***	0.0019***
	(0.0004)	(0.0003)	(0.0004)	(0.0003)	(0.0001)	(0.0001)
财政支出效率(Fe)	0.9002***	0.9145***	0.8935***	0.9045***	0.8985***	0.9095***
	(0.0123)	(0.0114)	(0.0132)	(0.0120)	(0.0045)	(0.0057)
土地财政(Landf)	0.0087***	0.0077***	0.0087***	0.0077***	0.0077***	0.0074***
	(0.0018)	(0.0016)	(0.0019)	(0.0018)	(0.0008)	(0.0006)
财政缺口率(Fgr)	0.4612***	0.3825***	0.4633***	0.3660***	0.4872***	0.4093***
	(0.0233)	(0.0232)	(0.0261)	(0.0257)	(0.0082)	(0.0135)
工业化程度(Ind2)	0.0004	0.0000	0.0005	-0.0000	-0.0004***	-0.0006***
	(0.0003)	(0.0003)	(0.0003)	(0.0003)	(0.0001)	(0.0001)
常数项(_con)	0.0721*	0.1465***	0.0629	0.1549***	0.1226***	0.1815***
	(0.0397)	(0.0378)	(0.0483)	(0.0451)	(0.0180)	(0.0161)
R-squared/Sargan	0.9399	0.9501	0.9417	0.9530	0.9996	1.0000
Hausman/AR(2)	0.0005	0.0004	0.0000	0.0000	0.2550	0.3016
回归方法	SYS-GMM	SYS-GMM	SYS-GMM	SYS-GMM	SYS-GMM	SYS-GMM
样本量	656	608	574	532	574	532
个体数	82	76	82	76	82	76

注:***、**和*分别表示在1%、5%和10%水平下显著,回归系数下方小括号内为稳健标准误,下同。

在表 5-5 所列示的结果中，模型(1)到模型(4)为静态面板估计结果，模型(5)和模型(6)为动态面板估计结果，其中模型(2)、模型(4)和模型(6)为总体样本中剔除省会城市的回归结果。在进行 GMM 估计时，考虑到减税降费会与地方政府财政可持续性之间的影响关系并非单向的，因此将减税降费均设定为内生性变量，以消除内生性带来的伪回归的问题。静态面板模型的 Hausman 检验表明，采用固定效应面板模型回归是有效的，而动态面板的 AR(2)检验和 Sargan 的结果表明 GMM 估计结果是可信的，而且动态面板模型估计和静态面板模型估计的结果具有较高的一致性，这在一定程度上说明估计结果是具有稳健性的。

通过表 5-5 中的结果可以发现，在静态估计模型中，减税降费对地方政府财政可持续性存在负面影响，但系数的显著性不是特别高，而且在模型(3)中并不显著，而在动态估计结果中，减税降费对地方政府财政可持续性则为促进作用，且无论是否包含省会城市，其系数均在 1% 显著性水平上。这种相反结果的产生原因如下：一是地方政府财政可持续性存在显著的路径依赖，在静态回归结果中，随机扰动项与各变量并非无关的，导致回归结果存在偏差；二是减税降费与地方政府财政可持续性的影响关系是非单向的，内生性带着伪回归。且就结果来看，内生性的影响更大，因此静态面板回归结果将在一定程度上“失真”，以动态面板模型的估计结果为准，即以模型(5)和模型(6)的结果进行分析。

根据模型(5)和模型(6)的结果可知，总体上，减税降费对地级市政府存在显著的促进作用，当前减税降费规模每提升一个百分点，地级市政府“有效财政空间”至少提升 0.008 个单位左右。同时代表资金利用率的财政支出效率的系数和代表经济增长的变量 GDP 增速的系数均在 1% 显著性水平上也为正值，这表明随着新《预算法》的出台和财政收支矛盾的加大，地方政府愈发重视资金利用效率，加上自 2016 年以来实施的结构性减税所产生的经济增长效应开始凸显，从而逐渐抵消了减税降费所引致的直接的减收效应。然而，转移支付系数却在 1% 显著性水平上为负值，表明当前转移支付对地方政府财政可持续性的综合影响为抑制作用。虽然实证结果与转移支付弥补地方政府财政资金缺口、强化对地方政府财政行为约束与引导的作用初衷相悖,但并非意料之外。因为:首先,转移支付制度运行至今,一般性转移支付已成为地方政府的常规收入,其具有的"无偿"属性,不仅会导致地方政府低估公共服务提供成本,甚至还会引致地方政府进行无效的财政支出竞争;其次,近些年来专项转移支付规模不断扩大,部分地区专项转移支付甚至占到当地接受的转移支付总额的一半以上,而专项转移支付多用于基础设施建设且需要地方政府提供配套资金,这将极大地压缩地方政府可自由支配的资金量。基于上述分析,总体来说,转移支付虽然弥补了地方政府的财政资金缺口,但在"财政幻觉"及"粘蝇纸效应"等影响下,亦对地市级政府的财政可持续性产生抑制作用。

(二)稳健性检验

为验证基准回归中减税降费对地方政府财政可持续性影响的估计结果是稳定可靠的,加强基准回归结果的可信性,本章采取了替换被解释变量和替换解释变量两种方法。

1. 替换解释变量。采取营业税与增值税之和的自然对数替换基准回归中增值税、营业税及所得税之和的自然对数作为减税降费的代理变量,结果如表5-6中模型(1)和模型(2)所示,无论是核心解释变量还是被解释变量滞后项,抑或是其他控制变量,对地方政府财政可持续性的影响意义及方向均与基准回归保持一致,表明基准回归的结果是稳健的。

表5-6 稳健性检验

变量	替换解释变量		替换被解释变量	
	模型(1)	模型(2)	模型(3)	模型(4)
财政可持续一阶滞后项(L.Fs1)	0.0126***	0.0249***	0.8100***	0.8843***
	(0.0046)	(0.0056)	(0.0115)	(0.0105)

续 表

变量	替换解释变量		替换被解释变量	
	模型(1)	模型(2)	模型(3)	模型(4)
减税降费(Tc1)	0.0169***	0.0086***	0.0275***	0.0315***
	(0.0020)	(0.0024)	(0.0031)	(0.0046)
转移支付(Tra1)	-0.0468***	-0.0379***	-0.0704***	-0.0865***
	(0.0019)	(0.0022)	(0.0035)	(0.0035)
地方政府负债率(Debt)	-1.0036***	-0.9847***	-0.0985***	-0.0356
	(0.0102)	(0.0090)	(0.0192)	(0.0237)
实际GDP增长率(GDPR)	0.0020***	0.0020***	0.0010***	0.0015***
	(0.0001)	(0.0001)	(0.0002)	(0.0003)
财政支出效率(Fe)	0.9085***	0.9041***	0.6552***	0.6715***
	(0.0050)	(0.0047)	(0.0085)	(0.0094)
土地财政(Landf)	0.0091***	0.0075***	0.0014	0.0031**
	(0.0008)	(0.0007)	(0.0011)	(0.0013)
财政支出缺口(Fgr)	0.4899***	0.4228***	0.1074***	0.2700***
	(0.0074)	(0.0082)	(0.0173)	(0.0238)
工业化程度(Ind2)	-0.0006***	-0.0006***	-0.0033***	-0.0020***
	(0.0001)	(0.0001)	(0.0002)	(0.0002)
常数项(_con)	0.1577***	0.1781***	-0.1240***	-0.3146***
	(0.0174)	(0.0225)	(0.0290)	(0.0236)
AR(2)	0.3322	0.3133	0.1055	0.0982

续 表

变量	替换解释变量		替换被解释变量	
	模型(1)	模型(2)	模型(3)	模型(4)
Sargan	0.9998	1.0000	0.9995	0.9999
回归方法	SYS-GMM	SYS-GMM	SYS-GMM	SYS-GMM
样本量	574	532	574	532
个体数	82	76	82	76

2.替换被解释变量。采用超效率DEA模型所测的财政支出效率，代替基准回归中的DEA-Malmquit指数作为财政支出效率求取地方政府"财政有效空间"，作为地方政府财政可持续性的代理变量，结果如表5-6中模型(3)和模型(4)所示，无论是核心解释变量还是被解释变量滞后项，亦或是其他控制变量，对地方政府财政可持续性的影响意义及方向均与基准回归保持一致，表明基准回归的结果是稳健的。

第四节 财政可持续性政策启示

本章主要基于当前实施的范围广泛的大规模减税降费政策，从理论上对减税降费地方政府财政可持续性影响进行探析，并利用2012年—2020年中部六省82个地级市税收、转移支付、政府债务等多维度数据，采取"有效财政空间"的概念对地方政府财政可持续进行量化，以通过实证计量分析对减税降费对地方政府财政可持续性的影响进行了实证检验。研究发现：当前安徽省地市政府财政风险总体可控，虽然地市政府采取的财政行为是不可持续的，且已处于"财政疲劳"阶段，但尚有充足的"有效财政空间"进行财政行为的调整；实施大规模减税降费政策的经济效应开始凸显，总体上来看，减税降费对地方政府财政可持续性的综合影响是促进的；与直觉观念相反，转移支付在实质上反而抑制了地方政府的财政可持续性。基于上述研究结果，有以下几点政策启示：

一、深化财税体系改革，建立多元化考评体系

地方政府“财政疲劳”很大程度上是源于盲目的支出竞争结果，一方面是由于财政分权导致地方政府存在天然的财政收支缺口，需要争取上级政府的转移支付，另一方面也与地方政府官员政绩考评体系的指向性比较单一有关。为从根源上缓解或解决问题，需继续深化财税体系改革，采取科学的方法将各级政府的“财权”与“事权”进行合理界定并健全地方税体系，以建立“财权”与“事权”相适应的政府间财税体制；同时，在对地方官员的政绩考评上，应该将一些考量地方经济及财政等方面长远、可持续发展的指标加入考评体系中，改变当前以GDP为主导的考核体系，防止地方政府官员为寻求一时的政绩而盲目进行财政支出竞争；此外，地方政府也应该根据当地特色，积极培育出具有当地特色的新产业、新业态，尤其是现代服务业和创新性新兴产业，培植高效支柱财源，涵养地方特色税源，促进地方财源建设格局的形成，推动地方政府财政收入的快速增长，从根源上缓解甚至解决地方政府的财政可持续性问题。

二、精准深化减税降费，巩固减税降费成果

随着时间推移，大规模减税降费的经济效应开始凸显，总体上减税降费可以促进地市政府财政可持续，但是对不同经济发展水平的地区具有不同的影响。因而需要以当前减税降费政策为基，实施更深入且精准化的减税降费政策，巩固现有成果。由于减税降费政策同时具有规模效应与激励效应，且两者共同决定了减税降费政策的实施成效，因而根据经济发展水平的不同，各地区存在着不同的减税降费最优规模。因此在实践中，不宜一刀切地制定减税降费政策，可尝试由省级政府设定各地市上下限，而地市政府在控制范围内根据具体情况合理制定减税降费政策，比如允许发达地区减税降费的力度稍弱，同时允许欠发达地区加大减税降费力度，引导地方政府有序竞争，促进要素的区域间流动，从而在强化区域

经济协调发展的同时，提升地方政府的财政可持续性。

三、完善转移支付制度，优化转移支付结构

转移支付作为一项重要的制度安排，在保证政府职能正常发挥上具有举足轻重的作用。然而研究发现，转移支付对地市政府财政可持续性产生一定的抑制作用，这种反常理现象的产生与当前转移支付制度安排尚不完善、资金的分配方法不甚科学以及对资金使用的后续激励问责体系不健全都有一定的关系。为缓解这种反常理的现象，一方面上级政府在进行转移支付时要坚持因地制宜与循序渐进相结合，控制转移支付的规模，尤其是专项转移支付的规模。对于经济发展水平较高的地区，鉴于其财源相对充足，可以适当扩大专项转移支付的比例，以引导地市政府的财政资金的投资方向；对于经济发展水平低的地区，鉴于其以有限的财力承担专项转移支付所需的地方配套资金可能反而不利于地方经济的发展，故可适当地提高一般性转移支付的比例。另一方面，也需注意防范转移支付对地市政府财政行为的逆向激励和道德风险等问题，强化地市政府的财政纪律约束，加强对转移支付资金使用的监督、监管与问责，提升转移支付资金的使用效率，完善健全转移支付制度，使之更加科学、规范、合理，从而强化地方政府的财政可持续性。

第六章　安徽省税收收入质量分析

2019年，国家税务总局发布《全国税务机关纳税服务规范》（3.0版）和《税收征管操作规范》，自2019年11月1日起在全国范围内施行，进一步推进税收工作规范化、标准化建设，推动税收服务国家治理体系和治理能力现代化再提质增效，要求各级税务部门坚持依法征税，坚决防止采取空转、转引税款等非法手段虚增收入，坚决避免突击收税，切实保证税收收入质量，强调提高收入质量的重要性，认真落实各项税收优惠政策，将收入质量管理作为重点工作常抓不懈，建立完善税收收入质量评价体系，加强对风险管理、税收入库、税收与经济匹配性等方面的考核，加强对税收收入质量的监督管理，实现真实、没有水分的增长。强化税收会计监督，及时发现税收执法风险，规范税收征管秩序。由于疫情防控需要，财税部门联合发布《国家税务总局关于支持新型冠状病毒感染的肺炎疫情防控有关税收征收管理事项的公告》（2020年第4号）等系列公告，明确自2020年1月1日起实施一系列聚焦疫情防控关键领域和重点行业的税收优惠政策，助力打赢疫情防控阻击战。本章对安徽省税收收入质量做简要分析，以期对地方经济社会发展提供有益参考。

第一节　安徽省税收收入质量评估及指标分析

一、税收收入质量的含义

所谓税收收入质量，是指税收收入的属性、质态，是各级税务机关按照国家法律法规组织税收收入的合法性、真实性和可靠性的客观反映。税收质量涉及税收收入起点、过程和结果，与经济发展、税源监管、征收管理、税款入库等因素与环节密切相关。不仅涉及税款征取的准确性，也涉及征税过程的努力程度，还涉及最终结果的绩效，是取得税收收入全过程的质量。本节中数据主要来源于《国家统计年鉴》和《安徽省统计年鉴》，鉴于数据的可得性，主要从税收收入总体情况、理论税收收入实现程度、税收可持续增长三方面设计具体指标，运用2011—2020年数据对安徽省及其各市相关税收指标进行测算，从而反映各地税收收入质量的高低。

二、安徽省税收收入具体情况分析

（一）安徽省税收收入总体情况

通过分析安徽省全省以及安徽省各市的税收收入情况，直观判断出各市税收能力，计算得出税收增长率，反应税收增长能力。

计算公式：

地区税收收入增长率=（报告期税收收入−基期税收收入）/基期税收收入×100%

2011—2020年安徽省税收收入及增长率，如图6-1所示。2011年以来，安徽省税收收入总量总体保持上升态势，但增长速度逐渐下降。从绝对量来看，税收收入从2011年的1108.3亿元增加到2019年的2209.73亿元，2020年税收收入总量首次下降，相较于2019年减少了10.21亿元；从增长幅度来看，从2011年的27.9%下降到2016年的3.2%，2018年上升到10.66%，2020年又下降到-0.46%。从地方经济总量增长情况来看，税收收入增长率相对较低，税收弹性系数较小，在经济增速预期变缓和新冠肺炎疫情影响下，安徽省切实落实国家政策，从结构性减税到全面减税降费，为企业营造良好的政商环境，实实在在地降低中小企业税费负担，用实际行动促进安徽省经济高质量发展。

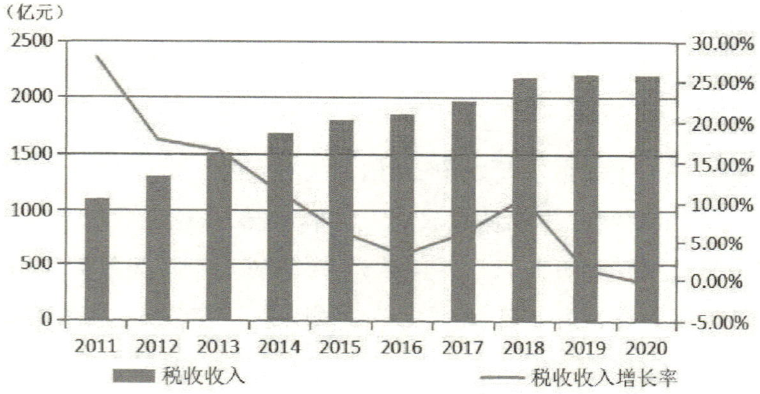

图6-1　2011—2020年安徽省税收收入及增长率

（二）安徽省主要税种税收收入情况

通过比较分析，挑选与经济发展关系密切，对税收收入和税收质量影响较大的税种作为分析对象，分别为：增值税，直接税[①]，与土地、房产相关税种[②]。

计算公式：

地区主要税种税收收入增长率=（报告期主要税种税收收入-基期主要税种税收收入）/基期主要税种税收收入×100%

① 本书做计算的直接税为企业所得税和个人所得税之和。

② 本书中与土地、房产相关税种包括城镇土地使用税、土地增值税、房产税、契税、耕地占用税。

2011—2020年安徽省增值税税收收入及增长率，如图6-2所示。2011年以来，安徽省增值税绝对税额持续上涨，增值税收入增长率在2016年、2017年呈现高速增长，其中2016年最为突出，增长率高达94.19%，高增长趋势主要是由于实施了“营改增”政策，同时也与全省经济的发展水平有很大关系。2020年安徽省增值税累计完成943.21亿元，比2019年增收0.86亿元，从2016年开始呈现出明显的下降趋势，增长率又回到“营改增”政策之前的水平，2020年受疫情的影响，经济增速减缓，致使增长率仅为0.09%。

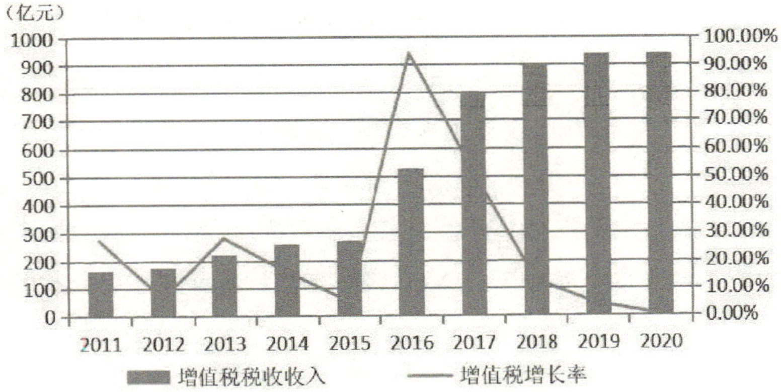

图6-2　2011—2020年安徽省增值税税收收入及增长率

2011—2020年安徽省直接税税收收入及增长率，如图6-3所示。2011年以来，安徽省直接税税额持续上涨，从增长速度来看，2011—2016年同比增长率整体趋势降低，在2016年下降至1.32%，之后呈现上升趋势，2017年、2018年连续两年高达20%的增长，营改增的效果在直接税的增速上也得以体现。2020年安徽省直接税累计完成439.25亿元，同比增收3.24亿元，增长幅度为0.74%，增长幅度大幅下滑，营改增效应逐渐退去，恢复到营改增之前的水平，绝对数额远低于同年增值税，说明安徽省地方税收仍然是以增值税为主体的税制结构，直接税和间接税之间的差距在减小，税制结构逐渐趋于优化。

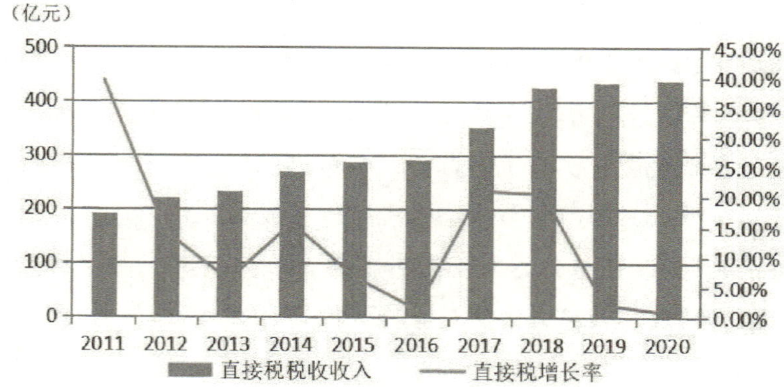

图 6-3　2011—2020 年安徽省直接税税收收入及增长率

2011—2020 年安徽省与土地、房产相关税种的税收收入情况，如图 6-4 所示。2020 年全省征收与土地、房产相关税种的税收收入为 571.52 亿元，较上年减少 25.74 亿元，降幅为-4.31%，连续两年出现负增长，但绝对量依然仅次于增值税，远高于直接税税收收入，可见安徽省地方税收收入中与土地、房产相关税种的收入占比较大，体现了安徽省经济发展仍对房地产业有着较强的依赖。与此同时，从 2018 年开始，全省与土地、房产相关税种的税收收入增速明显减缓，经历了短暂时间的波动，增长速度下降的总体趋势不变，充分体现了“房住不炒”的中央文件精神，反映出地方经济增长对房地产市场的依赖度有所下降，经济发展质量得到提升。

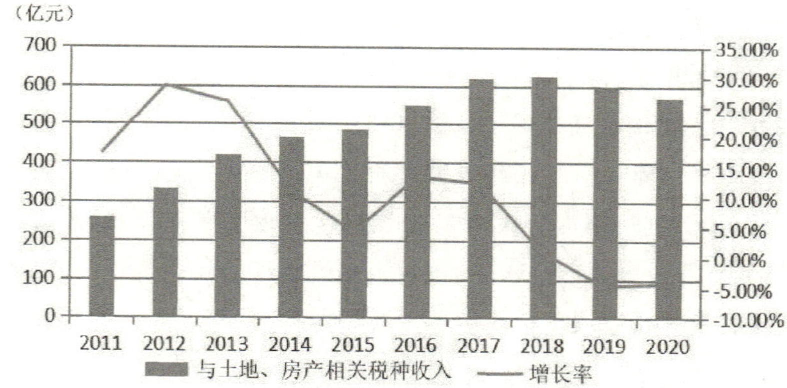

图 6-4　2011—2019 年安徽省与土地、房产相关税种税收收入及增长率

（三）非税收入占收入比重

非税收入的比重与地区税收能力和税收质量关系密切，非税收入比重低，表明该地区税收能力良好，税收收入为财政收入贡献率高；反之，非税收入比重高表明该地区税收能力和税收收入有待提升。

计算公式：

非税收入占收入比重=(报告期收入－报告期税收收入)/报告期收入×100%

2011—2020年安徽省非税收入占收入比重，如图6-5所示。2011年以来，安徽省非税收入占收入比重均超过20%，整体呈现上升趋势，仅有2014年出现短暂下降现象。2020年的非税收入为1016.48亿元，比2019年增加43.5亿元，增幅为4.47%，非税收入占比再创统计期内新高，达到31.61%。从数据统计来看，2020年安徽省生产总值增长率为4.22%，税收收入增长率为-0.46%，非税收入增幅明显较快，进而导致非税收入占比上升。

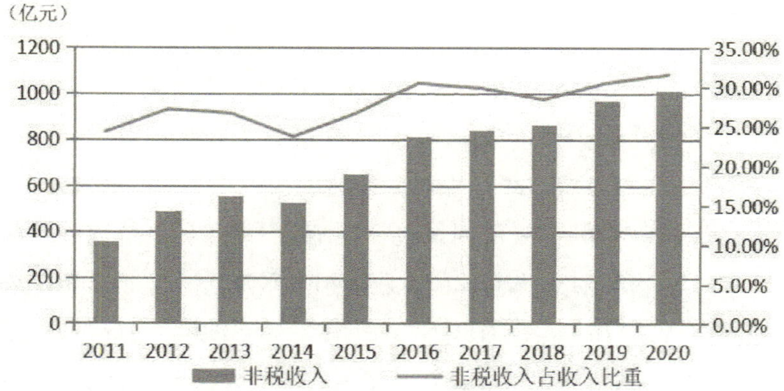

图6-5 2011—2020年安徽省非税收入占收入比重

三、理论税收收入实现程度

(一)税收宏观税负变动率

宏观税负反映一定时期某地区经济总量所承担的税收负担。由于各地经济结构不同,宏观税负也存在较大差异,税负指标在地区之间缺乏可比性,在最后地区排名分析时重点考察某地区宏观税负与上期相比的增减变化程度。从目前我国经济发展和税收征收的现状来看,如该指标上升,说明经济和税收结构优化以及税收管理质量和效率提高,对税制的遵从度提高,综合反映税收质量提高。

计算公式:

地区税收宏观税负=地区税收收入/地区生产总值×100%

地区宏观税负变动率=(报告期宏观税负－基期宏观税负)/基期宏观税负×100%

根据2011—2020年安徽省地区税收收入和地区生产总值计算得出地区宏观税负及其变动率,变动趋势如图6-6所示。2011—2015年安徽省的宏观税负水平呈现逐年上升趋势,从2011年的7.34%上升到2015年的8.18%,2016年以来,呈现了逐步下滑趋势,2020年降到了5.69%。从统计期内安徽省宏观税负变动率来看,2012年的变动速度大于2011年,之后五年变动速度呈现逐年下降趋势,主要原因是随着"营改增"政策的持续推进,"营改增"减税效应凸显,从而使地方总体的税收负担水平降低。自2015年以来,宏观税负变动率持续为负,在全面推进"营改增"、国际单边主义盛行以及全球经济下行的影响下,2019年宏观税负变动量为-17.61%,减幅创新高。受新冠肺炎疫情影响,2020年下降为-5.01%,减税力度空前,宏观税收负担持续下降,税收优惠实实在在惠及广大民众和中小企业,鼓励消费和提升投资,对安徽省经济高质量发展有积极的推动作用。

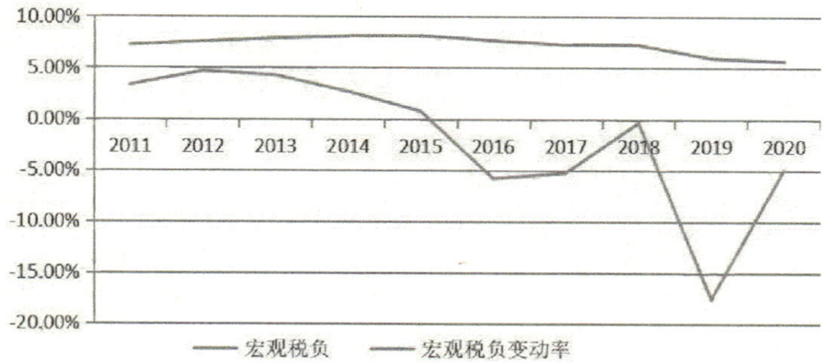

图6-6　2011—2020年安徽省税收宏观税负及其变动率

（二）税收弹性系数

税收弹性系数是一定时期税收增长率与现价经济增长率的比值，反映了经济变化对税收变化的影响以及税收与经济运行的协调性。经济学界一般认为弹性系数在0.8～1.2之间为合理区间，如果弹性系数在合理范围内，表明税收与经济增长相协调，税收质量较高；如果该指标波动超出合理范围，则表明税收与经济的适应性较差，即税收质量较低。

计算公式：

税收弹性系数=税收收入增长率/地区现价生产总值增长率

根据2011—2020年安徽省地区税收收入和地区生产总值计算得出税收弹性系数，变动趋势如图6-7所示。2011—2015年这五年间税收收入增速超过经济增速，地方税收收入快速增长，但整体税收弹性呈现下降趋势。2016年，税收弹性系数骤降，由前一年的1.14降至0.33，原因主要与2016年"营改增"全面实施有关，减税效果明显，但从经济增速方面来看，经济总量呈现上升趋势，可见"营改增"对经济发展起到了较好的促进效果。2017年以来，税收弹性系数有所回升，2018年税收弹性系数为0.96，但2020年下降到-0.09，统计期内首次为负，税收增速明显低于地区生产总值增速，主要源于疫情影响下大规模减税降费政策的实施，增值税税率的下调和所得税优惠政策的调整。

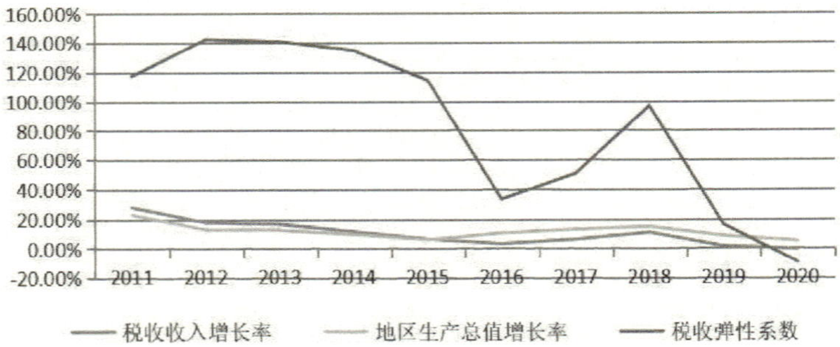

图 6-7　2011—2020 年安徽省税收弹性系数

四、税收可持续增长能力的指标

税制改革的方向是不断提高直接税占总体税收的比重，通过设置该指标，反映直接税收入占全部税收收入比重增减情况，直接税收入比重增加说明税种结构不断优化，税源增长潜力提高，税收收入质量提高，反之则说明税收质量下降。本章鉴于数据可得性，用所得税来代表直接税。

计算公式：

所得税占全部税收收入比重=(企业所得税收入+个人所得税收入)/全部税收收入×100%

直接税收入占比系数变动率=(报告期所得税占全部税收收入比重-基期所得税占全部税收收入比重)/基期所得税占全部税收收入比重×100%

根据2010—2020年安徽省企业所得税、个人所得税和地区税收收入计算得出直接税收入占比及其变动率，变动趋势如图 6-8 所示。2012 年、2013 年，直接税占比系数变动率呈负方向变化，直接税占比从 17.44% 下降到 15.39%，说明安徽省在这两年间税制结构优化工作出现倒退，与税制优化的目标背道而驰。2014 年、2015 年，直接税占比系数变动率呈现正数，直接税收入比重不断提高，共计提高了 0.65 个百分点，这和我国税制改革提出的不断提高直接税收入占税收的比重要求是相符合的。2016 年，直接税收入比重略微有些下降，降至 15.75%，但随着"营改增"全面推进以及减税降费政策的实施，2017年、2018年直接税占比系数变动率都超过10%，2018年直接税占比上升到20.25%，2019年小幅下降后2020年再次上升到19.97%。总体来看，直接税占比偏低，提高直接税占比是税制改革的目标之一，也是税制结构优化的具体体现。

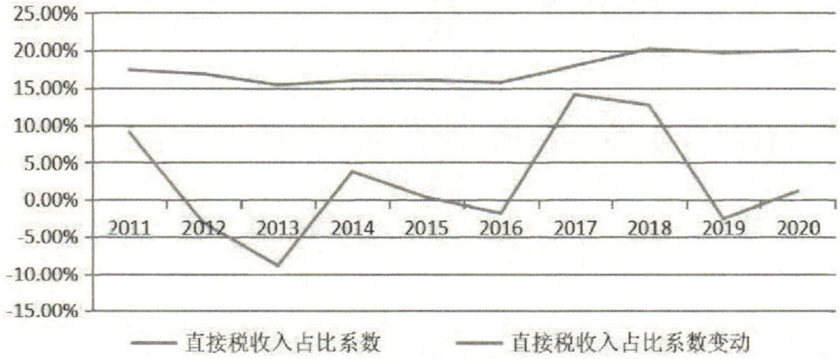

图6-8　2011—2020年安徽省直接税收入占比系数及其变动情况

综上，由于受到新冠肺炎疫情的影响，2020年国家出台了7批28项支持疫情防控和经济社会发展的税费优惠政策，安徽省税务部门持续优化推动政策红利直达市场主体的机制和做法，确保一系列减税降费政策落实落地。在减税降费大背景下，税收收入有所下降，特别是企业所得税下降明显，全年为市场主体新增减税降费681亿元，极大惠及了先进制造与自动化、新材料、电子与信息、高技术服务等产业；税制结构呈现不断优化趋势，宏观税负进一步下降，直接税占比呈现上升趋势。

第二节 安徽省各市相关指标排名

一、税收收入情况具体分析

(一)税收收入总体情况,如表6-1所示

表6-1 2016—2020年安徽省各市税收收入及其增长率

地区	项目	2016	2017	2018	2019	2020	排名
合肥市	税收收入	4979451	5134627	5585140	5640408	5637945	1
	增长率	8.86%	29.99%	8.77%	0.99%	-0.04%	12
淮北市	税收收入	390619	483980	513741	538446	562796	14
	增长率	-6.33%	49.50%	6.15%	4.81%	4.52%	5
亳州市	税收收入	663464	718336	826472	914408	847043	11
	增长率	8.24%	29.50%	15.05%	10.64%	-7.37%	14
宿州市	税收收入	583861	630877	698455	770438	855155	10
	增长率	-1.73%	40.45%	10.71%	10.31%	11.00%	1
蚌埠市	税收收入	930216	873677	931885	946242	971953	9
	增长率	4.50%	20.58%	6.66%	1.54%	2.72%	6

续 表

地区	项目	2016	2017	2018	2019	2020	排名
阜阳市	税收收入	963103	1191679	1334410	1414665	1290175	4
	增长率	12.32%	50.08%	11.98%	6.01%	-8.80%	15
淮南市	税收收入	627547	695298	724021	696263	626082	12
	增长率	12.96%	32.22%	4.13%	-3.83%	-10.08%	16
滁州市	税收收入	937832	1158422	1313511	1417851	1380288	3
	增长率	-3.70%	49.31%	13.39%	7.94%	-2.65%	13
六安市	税收收入	699512	821016	892654	964204	972216	8
	增长率	-5.12%	51.83%	8.73%	8.02%	0.83%	9
马鞍山市	税收收入	933760	1030962	1129586	1156317	1254829	5
	增长率	-3.48%	30.71%	9.57%	2.37%	8.52%	2
芜湖市	税收收入	2025370	2125259	2306387	2247648	2294395	2
	增长率	-0.13%	19.44%	8.52%	-2.55%	2.08%	7
宣城市	税收收入	864907	923646	1030106	1024613	1029961	6
	增长率	-4.00%	23.29%	11.53%	-0.53%	0.52%	10
铜陵市	税收收入	469752	469247	513493	552811	593665	13
	增长率	-2.21%	18.23%	9.43%	7.66%	7.39%	3

续 表

地区	项目	2016	2017	2018	2019	2020	排名
池州市	税收收入	387022	344334	388024	423997	444367	15
	增长率	-15.48%	12.44%	12.69%	9.27%	4.80%	4
安庆市	税收收入	802082	828754	978022	1007936	1026059	7
	增长率	3.90%	24.10%	18.01%	3.06%	1.80%	8
黄山市	税收收入	395260	365919	401587	400909	402928	16
	增长率	-8.54%	13.61%	9.75%	-0.17%	0.50%	11

注:税收收入单位为万元,排名为2020年排名(下同)。

1. 相较于2018年各市税收收入整体呈上升趋势,2019年淮南、芜湖、宣城、黄山等4市和2020年合肥、亳州、阜阳、淮南、滁州等5市税收收入呈现下降趋势。从增长率变动幅度来看,2020年有10个地市增幅低于2019年。其中,增幅最高的为宿州市11%,降幅较大的为淮南市-10.08%,连续两年增幅在安徽省垫底。

2. 总体情况而言,合肥市税收收入规模与其他市相比有较大的优势,虽然2020年增长率首次为负,但由于基数大,税收收入持续多年排名第一。2020年之前,合肥市税收收入总体绝对数值呈上升趋势,从历年的税收收入情况可以看出,2016—2019年税收收入平均增幅为14.21%。其中,2017年相比2016年增幅达到29.99%。2020年共计完成税收收入563.79亿元,与上年同比减少0.25亿元,增长率为-0.04%。合肥市税收收入呈现一家独大之局面,这与合肥作为安徽省省会城市、长三角经济圈副中心城市有关,大量的企业、资源流入合肥市,使合肥市相较于其他城市有着充足的税源,在减税降费的政策背景下,税收收入增速下降明显。而2020年由于受新冠肺炎疫情影响,税收收入首次下降。

3. 宿州市近年来税收增速较快，2019年、2020年增速都超过10%，2020年增速排名安徽省第一位。2020年宿州市税收收入已经排到第十位，超过亳州，与第九位的蚌埠差距进一步缩小，上升速度较快，税收收入增长显著。税收收入快速增长得益于地区经济发展，近年来伴随着建设皖苏鲁豫交汇区新兴中心城市，承接沪苏产业转移、发展数字经济、搭建物流基地、创建品牌农业，为宿州市的发展搭建了重要的发展平台。此外，税收增速也得益于房地产相关的税收收入的快速增长，2020年宿州市与土地、房产相关的税收增速排名安徽省第二位，为13.43%，对税收收入有正向的拉动作用。

4. 淮南市税收收入比较特别，在2018年实现税收收入增长32.22%之后，增速就呈现下降趋势，2020年再次下降为-10.08%，为省内唯一连续两年税收负增长地市，且排名最后一位。从淮南市2016—2020年的全市生产总值（GDP）可以发现，淮南市税收收入变化趋势受生产总值变化的影响，全球经济下滑导致淮南市煤炭、电力发展面临严峻考验。2016年受"营改增"等因素推动，对地方经济发展产生了一定促进作用，现代服务业税收增长突出反映出经济结构进一步优化，居民消费不断升级，促进了税收收入的增长，从而出现转折上升的趋势，但"营改增"平稳过渡后，税收增长率又连续两年位列安徽省末位，产业结构转型升级任重道远。

（二）主要税种税收收入情况，如表6-2所示

表6-2 2016—2020年安徽省各市增值税税收收入及其增长率

地区	指标	2016	2017	2018	2019	2020	排名
合肥市	增值税	1429495	2068751	2349533	2542260	2539992	1
	增长率	129.63%	44.72%	13.57%	8.20%	-0.09%	11
淮北市	增值税	140613	258521	277821	289777	281796	14
	增长率	51.75%	83.85%	7.47%	4.30%	-2.75%	12

续 表

地区	指标	2016	2017	2018	2019	2020	排名
亳州市	增值税	229374	344068	363866	397884	374558	11
	增长率	71.31%	50.00%	5.75%	9.35%	–5.86%	14
宿州市	增值税	151564	283276	311525	390088	419469	10
	增长率	99.39%	86.90%	9.97%	25.22%	7.53%	4
蚌埠市	增值税	311085	404572	407633	432863	492655	8
	增长率	59.28%	30.05%	0.76%	6.19%	13.81%	2
阜阳市	增值税	317150	520249	606662	652494	589795	5
	增长率	136.13%	64.04%	16.61%	7.55%	–9.61%	15
淮南市	增值税	239448	385094	389108	366767	318391	12
	增长率	88.24%	60.83%	1.04%	–5.74%	–13.19%	16
滁州市	增值税	287000	452928	557207	562815	597619	4
	增长率	105.68%	57.81%	23.02%	1.01%	6.18%	7
六安市	增值税	176899	336172	371803	422602	450459	9
	增长率	139.75%	90.04%	10.60%	13.66%	6.59%	5
马鞍山市	增值税	314919	504044	608782	668278	770497	3
	增长率	93.21%	60.06%	20.78%	9.77%	15.30%	1
芜湖市	增值税	740338	1034654	1163819	1188118	1208663	2
	增长率	62.42%	39.75%	12.48%	2.09%	1.73%	9
宣城市	增值税	306928	437412	479884	475357	505975	7
	增长率	105.51%	42.51%	9.71%	–0.94%	6.44%	6

续 表

地区	指标	2016	2017	2018	2019	2020	排名
铜陵市	增值税	150427	207842	254326	268100	304817	13
	增长率	74.90%	38.17%	22.37%	5.42%	13.70%	3
池州市	增值税	95901	142534	171332	196000	202382	15
	增长率	44.86%	48.63%	20.20%	14.40%	3.26%	8
安庆市	增值税	277641	437858	500986	545536	548020	6
	增长率	126.62%	57.71%	14.42%	8.89%	0.46%	10
黄山市	增值税	89833	147741	171425	190697	180645	16
	增长率	87.51%	64.46%	16.03%	11.24%	-5.27%	13

增值税作为税收收入的主要税种，其增长趋势与税收收入增长趋势吻合度较高。表6-2反映了2016—2020年安徽省各市增值税税收收入情况。具体情况分析如下：

1. 2020年，增值税税收收入呈现负增长的地市数量进一步增加，由2019年的淮南、宣城2市增加到2020年的合肥、淮北、亳州、阜阳、淮南、黄山6市，增长幅度在-13.19%和15.3%之间，最高的是马鞍山市15.3%，最低的是淮南市-13.19%，在营改增效应减弱的情况下，淮南市增值税的增长情况又恢复到营改增之前的水平，资源型城市发展遇到瓶颈，产业结构调整缓慢，未来应加大产业升级，优化产业结构。

2. 合肥市在增值税税收收入绝对规模上仍有较大优势，2016—2020年合肥市增值税税收收入一直排名第一，增长率排名有所下降，2020年排在安徽省的第十一位，与总税收收入增长率排名第十一相比，增值税税收收入与总体税收收入有正向的拉动作用。自2016年全面实施营改增之后，增值税征收范围扩大，合肥市增值税增长幅度达到130%，随后增幅逐渐趋于正常，回到营改增前的增幅水平，2020年首次下降，降幅为-0.09%。

3. 马鞍山市2020年增值税税收收入增长率排名第一，达到15.30%，增值税税收收入排名第三，增值税税收收入增长显著。宿州市2019年增值税税收收入增长率位居全省第一，达到25.22%，2020年增速为7.53%，位于全省第四位，增值税税收收入排名第十，而总体税收收入排名第十，说明增值税收入对总税收收入具有较强的正向作用，从其他税种分析发现，与土地房产有关的税收增速在全省排名第二，逐渐缩小了与第九位蚌埠的差距。可见，与土地、房产相关的税收收入增长对地方经济发展起到较大的推动作用。

表6-3　2016—2020年安徽省各市与土地房产相关的税收收入及其增长率

地区	项目	2016	2017	2018	2019	2020	排名
合肥市	土地房产相关税	1412538	1798256	1768277	1688280	1676173	1
	增长率	17.84%	27.31%	-1.67%	-4.52%	-0.72%	8
淮北市	土地房产相关税	103374	120872	101280	102963	136516	14
	增长率	13.32%	16.93%	-16.21%	1.66%	32.59%	1
亳州市	土地房产相关税	219155	236963	299419	346367	300320	6
	增长率	21.88%	8.13%	26.36%	15.68%	-13.29%	14
宿州市	土地房产相关税	207212	236171	254829	240658	272989	9
	增长率	3.85%	13.98%	7.90%	-5.56%	13.43%	2
蚌埠市	土地房产相关税	245146	288104	329763	312693	265914	10
	增长率	12.75%	17.52%	14.46%	-5.18%	-14.96%	15

续 表

地区	项目	2016	2017	2018	2019	2020	排名
阜阳市	土地房产相关税	311775	447242	476679	471259	412531	4
	增长率	12.52%	43.45%	6.58%	-1.14%	-12.46%	12
淮南市	土地、房产相关税	161131	163427	173884	172414	160054	12
	增长率	31.77%	1.42%	6.40%	-0.85%	-7.17%	10
滁州市	土地房产相关税	319951	502507	500483	573636	480051	2
	增长率	2.52%	57.06%	-0.40%	14.62%	-16.31%	16
六安市	土地房产相关税	250821	335632	343382	340171	307866	5
	增长率	13.52%	33.81%	2.31%	-0.94%	-9.50%	11
马鞍山市	土地房产相关税	312513	331588	290478	219930	233640	11
	增长率	12.35%	6.10%	-12.40%	-24.29%	6.23%	4
芜湖市	土地房产相关税	607474	612641	557140	461036	465736	3
	增长率	10.71%	0.85%	-9.06%	-17.25%	1.02%	6
宣城市	土地房产相关税	293742	316919	353721	343204	297729	7
	增长率	-6.88%	7.89%	11.61%	-2.97%	-13.25%	13
铜陵市	土地房产相关税	154793	149154	125801	130752	131652	15
	增长率	-0.69%	-3.64%	-15.66%	3.94%	0.69%	7

续 表

地区	项目	2016	2017	2018	2019	2020	排名
池州市	土地房产相关税	153388	136117	127784	117346	110917	16
	增长率	-19.97%	-11.26%	-6.12%	-8.17%	-5.48%	9
安庆市	土地房产相关税	229453	217740	270252	267322	273430	8
	增长率	2.97%	-5.10%	24.12%	-1.08%	2.28%	5
黄山市	土地房产相关税	181450	156044	153455	134831	150731	13
	增长率	5.14%	-14.00%	-1.66%	-12.14%	11.79%	3

与土地房产相关税种包括城镇土地使用税、土地增值税、房产税、契税、耕地占用税。房产税、城镇土地使用税和契税与房地产市场的变化有很大的相关性，表6-3反映的是安徽省各市2016—2020年与土地房产相关的税收收入情况。具体分析如下：

第一，从与土地房产相关税收的增幅来看，2020年整体上略好于2019年，有9个地市出现了下降，7个地市呈现上升，分别为淮北、宿州、马鞍山、芜湖、铜陵、安庆和黄山，2019年呈现上升的4个地市2020年都呈现下降趋势，增幅最大的是淮北市为32.59%，降幅最大的是滁州市为-16.31%。

第二，合肥市与土地房产相关的税收收入绝对数额均值在统计年份中排名第一。增长率方面，土地房产相关税收收入增长率排名第八，在各地市中处于中下游的水平，2018年以来连续三年持续呈现负增长趋势，2020年下降幅度为-0.72%。观察发现，合肥市与土地房产相关的税收收入2016年为141.25亿元，2017年上涨至179.83亿元，反映出近年来合肥市房地产市场热度较高。2018年以来，连续三年呈现负增长趋势，但降幅不大，一方面反映出合肥市经济趋好，房地产交易、建设较多，房地产投资比重偏高，尽管在控房价、限购的大背景下，但房地产市场热度不减；另一方面也反映出各地在有效贯彻中央文件"防住不炒"基本要求，在房地产发展过程中有所调整。

第三，相较于2018年、2019年连续两年排名安徽省第一位，亳州市与土地房产相关税收2020年下降明显，为-13.29%，排在安徽省倒数第三位。从表6-3中数据可以看出，除2020年外，亳州市与土地房产相关税收一直处于增长状态，2018年为29.94亿元，相较于2016年，增长26.36%，一是源于基数小，二是反映出亳州市近年来房地产土地开发力度较大，房地产交易市场比较繁荣。

第四，2020年滁州市与土地房产相关的税收绝对额仅次于合肥市，但增长速度排名安徽省最后一位，比2019年减少近10个亿，房地产在之前年度快速发展中，已经显示出疲态。

（三）非税收入占收入比重情况，如表6-4所示

表6-4　2016—2020年安徽省各市非税收入占收入比重

地区	2016	2017	2018	2019	2020	排名
合肥市	18.37%	20.95%	20.75%	23.55%	25.19%	15
淮北市	32.93%	18.84%	25.68%	27.46%	28.63%	11
亳州市	22.48%	22.53%	24.76%	26.37%	31.68%	9
宿州市	37.90%	35.73%	36.02%	39.73%	34.56%	6
蚌埠市	29.81%	37.28%	38.12%	41.32%	37.81%	5

续 表

地区	2016	2017	2018	2019	2020	排名
阜阳市	26.63%	23.16%	27.50%	28.44%	33.97%	7
淮南市	34.85%	30.53%	30.30%	35.38%	38.81%	2
滁州市	33.82%	35.90%	33.40%	33.15%	38.26%	3
六安市	27.91%	26.22%	25.91%	22.51%	25.74%	14
马鞍山市	32.93%	24.84%	24.38%	26.10%	25.12%	16
芜湖市	31.80%	31.25%	26.91%	29.56%	30.12%	10
宣城市	37.31%	34.71%	31.86%	37.08%	37.98%	4
铜陵市	41.29%	38.68%	29.48%	27.76%	26.53%	12
池州市	45.34%	46.49%	38.85%	32.32%	32.67%	8
安庆市	36.50%	30.42%	25.36%	25.24%	26.33%	13
黄山市	47.28%	50.63%	47.47%	49.63%	50.89%	1

非税收入占财政收入的比重为一个相对指标,非税收入的增加说明企业在除税以外的费用负担有所增加,非税收入的减少说明政府积极推进费改税,减税降费,优化除税收以外的费用机制,优化税收结构,税收质量有所改善。

表6-4反映的是安徽省各地市2016—2020年非税收入占收入比重情况。具体分析如下：

1. 2020年安徽省大多数地市的非税收入占收入比重呈上升趋势，上升的地市为12个，下降的地市为4个，分别是铜陵、马鞍山、宿州和蚌埠。整体来看，一方面源于国家税务总局发布的《关于进一步落实好简政减税降负措施更好服务经济社会发展有关工作的通知》得到有效贯彻落实，税收下降效应显现，非税收入占比有所提高，另一方面在于税收下降带来的地方政府加强非税收入征缴力度。其中，铜陵自2016年以来，逐年下降，由2016年的41.29%逐渐下降到2020年的26.53%，2020年在安徽省排名第十二位。

2. 2020年非税收入占比最低的地市为马鞍山市，其次为合肥市，分别为25.12%、25.19%，与2019年相比，整体呈现上升态势。马鞍山市非税收入占比从2016年开始始终保持在25%左右，非税收入占比始终处于安徽省后几位，在费改税和规范地方非税收入等方面取得了显著的成效；合肥市非税收入占比虽然较低，但从2016年以后呈现上升趋势，非税收入增速快于税收增速，在推进费改税和规范非税收入方面还需进一步加大力度。

3. 2016—2020年，黄山市非税收入占收入比重在47.83%～50.89%区间内波动，平均值位于安徽省各地市中的首位。从2016年开始，除个别年份外，整体呈现上升趋势，非税收入占比连续多年上涨，屡创新高，2017年非税收入占收入比重上升至50.63%，非税收入增长至38.07亿元。2018年短暂下降后又再次回升，2020年再创新高达到50.89%。五年间，黄山市非税收入绝对数额上升较大，涨幅超过300%，由此可见，以旅游业为主的黄山市，GDP在安徽省内一直处于末位，黄山市税收增长缓慢，非税收入在地方财政收入中占比较高，非税收入的规范、税收质量提升任重道远。

二、理论税收收入实现程度排名

(一)税收宏观税负排名,如表6-5所示

表6-5　2016—2020年安徽省各市宏观税负及其增长率

地区	指标	2016	2017	2018	2019	2020	排名
合肥市	宏观税负	7.94%	7.33%	7.14%	5.99%	5.61%	6
	增长率	-1.79%	-7.61%	-2.63%	-16.04%	-6.38%	12
淮北市	宏观税负	4.89%	5.24%	5.21%	5.00%	5.03%	8
	增长率	-10.86%	7.14%	-0.44%	-4.21%	0.68%	5
亳州市	宏观税负	6.34%	6.25%	6.47%	5.23%	4.69%	10
	增长率	-2.47%	-1.49%	3.58%	-19.21%	-10.29%	14
宿州市	宏观税负	4.32%	4.30%	4.28%	3.89%	4.18%	15
	增长率	-10.16%	-0.39%	-0.41%	-9.12%	7.40%	1
蚌埠市	宏观税负	6.71%	5.63%	5.43%	4.60%	4.67%	12
	增长率	-5.51%	-16.06%	-3.54%	-15.37%	1.46%	4
阜阳市	宏观税负	6.87%	7.58%	7.58%	5.23%	4.60%	13
	增长率	1.55%	10.40%	-0.01%	-31.04%	-12.06%	15
淮南市	宏观税负	6.51%	6.56%	6.39%	5.37%	4.68%	11
	增长率	5.61%	0.73%	-2.59%	-15.92%	-12.84%	16
滁州市	宏观税负	6.59%	7.22%	7.29%	4.87%	4.55%	14
	增长率	-11.63%	9.54%	0.97%	-33.14%	-6.60%	13

续 表

地区	指标	2016	2017	2018	2019	2020	排名
六安市	宏观税负	6.31%	7.03%	6.93%	5.95%	5.82%	4
	增长率	−12.97%	11.35%	−1.40%	−14.12%	−2.15%	9
马鞍山市	宏观税负	6.25%	6.03%	5.89%	5.48%	5.74%	5
	增长率	−11.78%	−3.56%	−2.32%	−6.99%	4.75%	2
芜湖市	宏观税负	7.50%	7.17%	7.03%	6.21%	6.11%	2
	增长率	−9.08%	−4.41%	−1.91%	−11.67%	−1.61%	7
宣城市	宏观税负	8.18%	7.79%	7.82%	6.56%	6.41%	1
	增长率	−11.84%	−4.72%	0.38%	−16.09%	−2.37%	10
铜陵市	宏观税负	4.91%	4.18%	4.20%	5.76%	5.91%	3
	增长率	−6.88%	−14.78%	0.45%	37.05%	2.74%	3
池州市	宏观税负	6.57%	5.52%	5.67%	5.10%	5.11%	7
	增长率	−21.83%	−16.06%	2.72%	−10.02%	0.32%	6
安庆市	宏观税负	5.24%	4.85%	5.10%	4.23%	4.16%	16
	增长率	−3.82%	−7.42%	5.16%	−16.98%	−1.80%	8
黄山市	宏观税负	6.85%	5.99%	5.92%	4.90%	4.74%	9
	增长率	−15.82%	−12.65%	−1.03%	−17.27%	−3.32%	11

宏观税负反映一定时期某地区经济总量所承担的税收负担。由于各地经济结构不同，宏观税负也存较大差异，税负指标在地区之间缺乏可比性，在最后地区排名分析时重点考察某地区宏观税负标准差即变化的波动情况。

表6-5反映的是安徽省各地市2016—2020年宏观税负变动情况。具

体分析如下：

1.从宏观税负总体排名来看，2020年宣城市宏观税负为6.41%，连续三年位于安徽省第一位。从宏观税负变动率来看，与2019年相比，整体变化幅度不大，宿州市2020年宏观税负增长较快，为7.4%，宏观税负下降的有10个地市，降幅最大的是淮南市，为-12.84%。具体来看，铜陵市宏观税负连续四年呈现上升趋势，其中，2019年铜陵市宏观税负增加较快，达到37.05%，主要原因在于2019年铜陵市生产总值出现了负增长，但税收收入却出现了正增长，从而导致宏观税负呈现较快增长。在减税降费的大背景下，各地要进一步推进税收管理理念、方式的创新，凭借互联网、大数据等提高税收效率，提高税收管理质量和效率，在稳抓经济发展的同时要不断借鉴其他地区的管理方式，与时俱进，从而不断提高本地区税收质量水平。

2.从2020年安徽省各市宏观税负横向比较来看，宣城、芜湖两个城市宏观税负均达到6%以上，最高的是宣城达到6.41%。增值税、所得税等税种所实施的优惠政策也是造成税收收入占GDP比重下降的重要原因。从2016年来对税收收入影响最大的几大税收政策分别是小微企业税收优惠强度加大和征收率的调整，个税附加扣除政策的实施，尤其是随着营改增的持续推进，减税效应不断凸显，减税政策在促进中小企业发展和地方经济健康、可持续发展方面做出了巨大的贡献。

（二）税收弹性系数排名，如表6-6所示

表6-6　2016—2020年安徽省各市税收弹性系数

地区	2016	2017	2018	2019	2020	排名
合肥市	0.82	0.27	0.75	0.05	-0.01	12
淮北市	-1.25	1.53	0.93	0.51	1.19	5
亳州市	0.75	0.83	1.36	0.29	-2.26	14

续 表

地区	2016	2017	2018	2019	2020	排名
宿州市	–0.18	0.95	0.96	0.48	3.28	1
蚌埠市	0.42	–0.51	0.63	0.08	2.19	3
阜阳市	1.16	1.97	1.00	0.11	–2.38	15
淮南市	1.86	1.08	0.60	–0.27	–3.18	16
滁州市	–0.41	1.84	1.09	0.13	–0.63	13
六安市	–0.57	3.21	0.85	0.31	0.27	9
马鞍山市	–0.37	0.72	0.79	0.24	2.37	2
芜湖市	–0.01	0.50	0.80	–0.25	0.55	7
宣城市	–0.45	0.56	1.04	–0.03	0.18	10
铜陵市	–0.44	–0.01	1.06	–0.36	1.63	4
池州市	–1.90	–1.84	1.31	0.43	1.08	6
安庆市	0.49	0.29	1.47	0.13	0.49	8
黄山市	–0.99	–1.24	0.89	–0.01	0.13	11

税收弹性是一定时期税收增长率与现价经济增长率的比值，反映了经济变化对税收变化的影响以及税收与经济运行的协调性。经济学界一般认为弹性系数在0.8～1.2之间为合理区间，如果弹性系数在合理范围内，表明税收与经济增长相协调，税收质量较高；如果该指标波动超出合理范围，则表明税收与经济的适应性较差，即税收质量较低。

从表6-6可以看出：2020年安徽省各地市税收弹性系数总体上呈现下降趋势，这主要源于减税政策的实施，各地市税收收入上升幅度较小，合肥、亳州、阜阳、淮南和滁州甚至出现负增长。从税收弹性的数值来看，2018年淮北和池州2市位于理论上的合理区间，与2019年相比减少了6个地市。税收增速超经济增速的有淮北、宿州、蚌埠、马鞍山、铜陵和池州，其他城市税收增速均低于经济增速。可见，安徽省各地市严格执行中央的减税降费政策,税收政策对各地市的经济发展都做出了巨大的贡献。

三、税收可持续增长能力分析

税制改革的目标要求之一是逐步提高直接税收入比重,直接税的比重情况反映地区的税制结构和税源增长潜力。根据相关统计数据,我们用个人所得税和企业所得税代替直接税计算得出直接税收入占比及其变动率,2020年的排情况见表6-7。

表6-7 2016—2020年安徽省各市直接税占比及其变动率

地区	指标	2016	2017	2018	2019	2020	排名
合肥市	直接税占比	14.22%	16.80%	17.43%	15.85%	15.62%	1
	变动率	3.73%	18.17%	3.70%	-9.06%	-1.46%	11
淮北市	直接税占比	7.85%	6.92%	13.28%	12.67%	12.76%	4
	变动率	5.72%	-11.81%	91.90%	-4.58%	0.71%	10
亳州市	直接税占比	7.79%	9.88%	11.31%	10.15%	11.66%	9
	变动率	-5.85%	26.82%	14.52%	-10.30%	14.89%	1
宿州市	直接税占比	7.88%	8.99%	9.96%	8.46%	9.43%	14
	变动率	-10.29%	14.14%	10.81%	-15.07%	11.49%	3
蚌埠市	直接税占比	6.79%	9.16%	8.86%	8.89%	8.49%	16
	变动率	0.53%	34.89%	-3.31%	0.29%	-4.42%	13
阜阳市	直接税占比	7.65%	9.30%	9.57%	11.10%	11.96%	8
	变动率	1.38%	21.53%	2.85%	16.03%	7.76%	6
淮南市	直接税占比	8.86%	7.31%	9.17%	9.58%	9.97%	12
	变动率	-20.66%	-17.46%	25.36%	4.44%	4.08%	9

续 表

地区	指标	2016	2017	2018	2019	2020	排名
滁州市	直接税占比	8.92%	9.04%	10.53%	10.67%	12.24%	6
	变动率	-1.50%	1.29%	16.54%	1.30%	14.72%	2
六安市	直接税占比	8.11%	9.23%	11.57%	11.85%	12.88%	3
	变动率	0.59%	13.79%	25.38%	2.44%	8.69%	5
马鞍山市	直接税占比	8.02%	8.74%	10.36%	12.22%	9.68%	13
	变动率	-1.13%	8.96%	18.53%	17.93%	-20.81%	16
芜湖市	直接税占比	10.58%	12.20%	14.61%	15.67%	15.24%	2
	变动率	-9.47%	15.34%	19.76%	7.23%	-2.69%	12
宣城市	直接税占比	7.64%	8.40%	9.38%	10.79%	11.58%	10
	变动率	-1.74%	9.93%	11.59%	15.04%	7.36%	7
铜陵市	直接税占比	8.01%	10.42%	12.88%	13.90%	12.12%	7
	变动率	-13.51%	30.09%	23.58%	7.91%	-12.79%	15
池州市	直接税占比	5.64%	8.21%	11.22%	11.82%	12.41%	5
	变动率	-3.53%	45.49%	36.68%	5.37%	4.98%	8
安庆市	直接税占比	8.87%	10.40%	9.36%	8.43%	9.38%	15
	变动率	-2.54%	17.23%	-10.06%	-9.90%	11.28%	4
黄山市	直接税占比	7.06%	9.82%	11.59%	11.60%	10.80%	11
	变动率	8.09%	39.08%	18.10%	0.04%	-6.84%	14

从上表可以看出:2020年直接税占比前五名为合肥、芜湖、六安、淮北和池州。其中,合肥直接税占比为15.62%,与2019年相比有所下降,但仍然为全省最高。2020年直接税占比下降的地市为合肥、蚌埠、马鞍山、芜

湖、铜陵和黄山，降幅最大的是铜陵，为-12.79%。从直接税占比变动率来看，2019年前五名排名为亳州、滁州、宿州、安庆和六安，其数值依次为14.89%、14.72%、11.49%、11.28%和8.69%。从直接税占比和变动率来看，皖南地区增幅较大，可见经济发展水平较高地区在税制优化改革中政策效应更加明显，但从总体直接税占比来看，和经济发达的东部地区相比，直接税的占比还是维持在一个较低的水平上。尤其是个人所得税占比水平更低，短期内大幅度提高个人所得税收入，仍有一定难度，因此要积极关注中央政策，探测改革方案，跟紧改革步伐。为了实现直接税占比提高、优化税收收入质量的目标，现阶段降低间接税收入的比重比较有效。随着国家减税降费政策的持续推进，降低地区整体的税负，同时增值税税率降档、下调直接降低了间接税，这也将对以后税制结构产生重大影响。最后对于税制结构的调整，房产税可以起到逐步提升直接税比重、降低间接税比重的作用。安徽各地市要紧跟中央改革步伐，稳步提高直接税比重，优化税制结构，从而提高本地区整体的税收质量水平。

四、小结

从税收收入主要构成来看，增值税、与土地房地产相关的税收对地方政府的税收支撑作用依旧较大，并且存在明显的地区差异。在减税减费大背景下，宏观税负及其增长率整体呈现下降趋势，企业所得税呈现下降趋势，税收弹性大都脱离了理论合理区域，财政可持续性压力加大，非税收入呈现上升趋势，但对实体经济和中小企业发挥较大的促进作用。从直接税占比情况来看，直接税占比呈现上升趋势，符合我国税制改革的总体方向，在一定意义上反映出安徽省税制结构呈现不断优化的趋势。

参考文献

[1]杜彤伟,张屹山,杨成荣.财政纵向失衡、转移支付与地方财政可持续性[J].财贸经济,2019,40(11):5-19.

[2]龚锋,余锦亮.人口老龄化、税收负担与财政可持续性[J].经济研究,2015,50(8):16-30.

[3]段龙龙,叶子荣."减税降费"与地方财政解困:基于国家治理效能视角分析[J].经济体制改革,2021(1):122-128.

[4]贾康,苏京春.财政分配"三元悖论"制约及其缓解路径分析[J].财政研究,2012(10):2-12.

[5]毛捷,徐军伟.中国地方政府债务问题研究的现实基础——制度变迁、统计方法与重要事实[J].财政研究,2019(1):3-23.

[6]徐军伟,毛捷,管星华.地方政府隐性债务再认识——基于融资平台公司的精准界定和金融势能的视角[J].管理世界,2020,36(9):37-59.

[7]高正斌,张开志,倪志良.减税能促进企业创新吗?——基于所得税分享改革的准自然实验[J].财政研究,2020(8):86-100.

[8]陈钊,王旸."营改增"是否促进了分工:来自中国上市公司的证据[J].管理世界,2016(3):36-45,59.

[9]张斌.减税降费的理论维度、政策框架与现实选择[J].财政研究,2019(5):7-16,76.

[10]马海涛,王紫薇,黄然.我国减税降费的政策效果评估——对政府收支的影响及对策分析[J].经济研究参考,2020(13):5-19.

[11]陈诗一,张军.中国地方政府财政支出效率研究:1978—2005[J].中国社会科学,2008(4):65-78,206.

[12]孙玉栋,席毓.影响我国地方政府财政支出效率的因素研究——基于财政、晋升和发展压力的视角[J].经济理论与经济管理,2021(6):37-49.

[13]邓晓兰,许晏君,刘若鸿.结构性减税与地方财政可持续性——基于"营改增"的实证研究[J].中央财经大学学报,2021(10):15-29.